Sexuality and Law

セクシュアリティと法
身体・社会・言説との交錯

谷口洋幸・綾部六郎・池田弘乃
編

石田 仁・田巻帝子・関 良徳・小久見祥恵
山下敏雅・齊藤笑美子・森 あい・菅原絵美
渡辺大輔・上野善子・堀江有里・吉良貴之
著

法律文化社

はじめに

　「同性愛と法について大学院で研究したいと相談したら，『そんなイロモノは法学者がやることじゃないよ』って笑われた」。学部生の頃に研究者をめざしていた友人から聞いた話である。結局その友人は，社会学に専攻を変えて進学した。なぜセクシュアリティは法学研究の対象にならないのか。子どもは性行為の結果であることが多く，婚姻外の性行為は離婚原因となる。公的な書類ではいつも性別を問われるのに，人前で裸になれば警察が飛んでくる。法はすでにセクシュアリティを扱っているのに，なぜ一部のセクシュアリティを語ることは不適当なのか。本書はこれらの疑問への応答である。

　2000年，当時大学院生だったメンバーを中心に，「性的マイノリティと法研究会」が設立された。編者3名は同研究会の主要メンバーとして活動してきた。就職のために東京を離れた後も，学術大会や市民活動などを通して接点をもち続け，本書を企画するに至ったものである。

　初回の編集会議から刊行まで約3年の月日を要してしまい，執筆者の方々には多大なご迷惑をおかけしてしまった。にもかかわらず，刊行まで辛抱強くおつきあいをいただき，原稿校正時には編者からのコメントや要望にも丁寧に応答いただいた。編集作業の遅延を改めてお詫び申し上げるとともに，本書に寄稿いただけたことに最大限の感謝を申し上げたい。また，無謀ともいえる企画の実現に向けて，懇切丁寧なご対応をいただいた法律文化社の上田哲平さんにも心から感謝申し上げる。

　2017年9月

　　　　　　　　　　　　　　　　編者を代表して　　谷口洋幸

目　次

はじめに

Chapter⓪　プロローグ——「セクシュアリティと法」とは何か？　　　　Ⅰ

1 はじめに………………………………………………………………………………Ⅰ
2 今，なぜ「セクシュアリティと法」か……………………………………………2
3 「セクシュアリティ」をどう捉えるか……………………………………………3
4 本書の構成…………………………………………………………………………5

第Ⅰ部　人間身体と法

Chapter 1　性　別——法的性別の根拠は？　　　　8

1 はじめに………………………………………………………………………………8
2 法的性別………………………………………………………………………………8
3 性別の基準……………………………………………………………………………11
4 これからの性別の基準……………………………………………………………17
5 おわりに………………………………………………………………………………20

Chapter 2　性同一性障がい——性別違和をもつ当事者に法は応答できているか？　　　　23

1 はじめに………………………………………………………………………………23
2 概念の変遷……………………………………………………………………………25
3 当事者が直面する法的な問題と対応………………………………………………28
4 特例法適用の要件……………………………………………………………………30
5 特例法適用の効果……………………………………………………………………35
6 おわりに………………………………………………………………………………36

Chapter 3　性刑法——誰をどのように守るものであるべきか？　　　　38

1 はじめに………………………………………………………………………………38
2 強かん罪とその背景…………………………………………………………………39

iii

3 女性の性的自由 ··· 41

4 ジェンダー／セクシュアリティ中立性 ················· 45

5 性暴力という再構成 ······························· 47

6 おわりに ··· 49

❖ *Column* ① 妊娠・出産　51

第Ⅱ部　社会関係と法

Chapter④　親　子── 性的マイノリティは親になれるのか？　54

1 はじめに ··· 54

2 性同一性障がい者は父親になれない？ ··············· 54

3 何が問題となったか ······························· 56

4 家庭裁判所・高等裁判所の判断 ····················· 60

5 最高裁判所の判断 ································· 61

6 最高裁判所の判断の意義 ··························· 64

7 おわりに ··· 65

Chapter⑤　婚　姻── カップルの特別扱いに合理性はあるか？　67

1 はじめに ··· 67

2 同性婚の焦点 ····································· 68

3 性愛標準性批判 ··································· 71

4 おわりに ··· 77

Chapter⑥　暴　力── DV は異性間だけの問題か？　79

1 はじめに ··· 79

2 性的マイノリティに関する DV の実情 ··············· 80

3 支援につながりにくいこと ························· 82

4 支援体制はどうなっているのか ····················· 86

5 おわりに ··· 89

目　次

Chapter 7　企　業——企業が性的マイノリティにできることとは？　91

1　はじめに……………………………………………………………………91
2　企業活動と人権…………………………………………………………92
3　国際人権基準と LGBT ………………………………………………95
4　ビジネスと LGBT の人権……………………………………………97
5　おわりに…………………………………………………………………102

Chapter 8　学校教育——「性の多様性」学習の保障に向けて必要なこととは？　103

1　はじめに…………………………………………………………………103
2　学校現場で何が起こっているか……………………………………103
3　カリキュラムのなかの性の学習，性の多様性についての学習…………107
4　公的機関における性的マイノリティをめぐる教育への対応…………109
5　これからの学校と教育の課題………………………………………114
6　おわりに…………………………………………………………………116

❖ *Column* ②　米国の LGBT とアダプション　118

第Ⅲ部　言説空間と法

Chapter 9　人　権——誰のどのような人権か？　122

1　はじめに…………………………………………………………………122
2　性の多様性が強調される時代………………………………………123
3　多様性から取りこぼされていくもの………………………………127
4　同化か抵抗か：包摂の政治と承認の政治の分岐点………………129
5　おわりに…………………………………………………………………131

Chapter 10　ノルム——平等か解放か？　133

1　はじめに…………………………………………………………………133
2　日本で最初の同性婚？………………………………………………134
3　オーバーガフェル事件判決にみられる問題点とは何か…………135
4　ノルム概念をめぐる2つの分析的系譜……………………………137
5　親密圏の正常化：ヘテロノーマティヴィティへの批判…………139
6　おわりに…………………………………………………………………142

v

Chapter 11　クィア──クィアな視点は法学に何をもたらすか？　144

   1　はじめに………………………………………………………………144

   2　主題としてのクィア……………………………………………………144

   3　方法としてのクィア……………………………………………………148

   4　フェミニズムからクィア理論へ………………………………………151

   5　おわりに………………………………………………………………154

❖ *Column* ③　法と科学とセクシュアリティ　155

Chapter 12　エピローグ──「セクシュアリティと法」のゆくえ　157

   1　セクシュアリティから法を問いなおす………………………………157

   2　２つのセクシュアリティの接点………………………………………159

   3　「セクシュアリティと法」のゆくえ…………………………………160

引用・参考文献一覧

判例索引

編者・執筆者紹介

プロローグ

「セクシュアリティと法」とは何か？

1 はじめに

　2003年,「法学をジェンダーの視点からより深く研究」することを目的のひとつとしてジェンダー法学会が設立された。設立趣意書は次の文章で始まる。

> 私たちは，法学をジェンダーの視点からより深く研究すること，研究と実務の架橋をすること，ジェンダー法学に関する教育を開発し深めることを，主たる目的とする学会の設立を考えました。あらゆる法分野・法領域の研究者・実務家が集まり，政治学，社会学，心理学，思想など多面的な研究成果からの刺激を受けつつ，各自の専門領域を超え，学際的にジェンダー法学の課題に取り組みたいと考えます。（「ジェンダー法学会設立趣意書」）

　この決意は，今日まで続くさまざまな研究成果として具現化されている。10周年記念事業として刊行された4巻本の「講座ジェンダーと法」は，ひとつの到達点である。同学会の学会誌『ジェンダーと法』のほか，より専門的な内容を扱う『ジェンダー法研究』も刊行されている。

　この十数年のあいだに，ジェンダー法学に関するテキストも多く刊行された。概説的な書籍だけでも，『導入対話によるジェンダー法学』（浅倉むつ子ほか，不磨書房，2005年），『実務ジェンダー法講義』（吉岡睦子ほか，民事法研究会，2007年），『比較判例ジェンダー法』（浅倉むつ子ほか，信山社，2007年），『ジェンダー法学入門』（三成美保ほか，法律文化社，2011年〔第1版〕，2015年〔第2版〕），『レクチャージェンダー法』（犬伏由子ほか，法律文化社，2012年），『ジェンダーと

I

法』(辻村みよ子，信山社，2013年〔第1版〕，2016年〔第2版〕）など多数ある。民法（家族法）や労働法など，個別の法領域をジェンダー視点から分析した書籍も次々と刊行されており，法学系の学会誌も次々と「ジェンダー」に関する特集を組んできた。このように，ジェンダー法学は着実にひとつの法領域としての立場を得つつある。

ジェンダー法学会の学会誌『ジェンダーと法』(日本加除出版）創刊号のタイトルは「今，なぜジェンダー法学か」であった。これにならい，本書をはじめるにあたり，「セクシュアリティと法」を論じる意義を考えてみたい。

2 今，なぜ「セクシュアリティと法」か

ジェンダー法学の研究成果が幅広く刊行されていくなかで，本書を編むきっかけとなった書籍が刊行された。2006年に刊行された『セクシュアリティと法』(辻村みよ子監修，東北大学出版会）である。東北大学21世紀 COE プログラム「男女共同参画の法と政策」の成果である「ジェンダー法・政策研究叢書」全12巻の第5巻に当たる。第1部「セクシュアリティと生殖をめぐる基礎理論」と第2部「性と暴力をめぐる法と政策」で構成される同書は，買売春やポルノグラフィ，妊娠中絶，着床前診断，性犯罪やドメスティック・バイオレンス（DV）など，セクシュアリティに関連する法学領域の課題が幅広く取り上げられた。丁寧なテーマ設定と扱われている法分野の幅広さは，セクシュアリティの視点からの初めての総合的な研究として画期的である。しかし同時に，ある種の物足りなさも否めなかった。当時，社会学や文学などの学術領域においてセクシュアリティの問題として活発に議論されていた性の多様性に関連する視点がほとんど含まれていなかったからである。

たしかに，ある企画に足りていないものを指摘することは容易いし，性の多様性の視点が薄いこと自体は同書の意義を損なうものではない。同叢書の別の巻には性的指向と法を正面から取り上げた論考も掲載されている。しかし，ジェンダー法学の学際性という特徴や性同一性障害者特例法の成立後に刊行されたことをふまえれば，『セクシュアリティと法』というタイトルのもとでジェンダー法・政策のシリーズとして編まれた同書への期待は十分に充たされ

Chapter⓪ プロローグ

ていたとは言い難い。

一方，2000年に設立された「性的マイノリティと法研究会」が刊行した『法とセクシュアリティ』という機関誌がある。同誌は，発行元の研究会名が示すとおり，性的マイノリティに関連するテーマを主たる対象とした法学研究を集めたものである。大学院生が主体の私的な研究会であったため創刊から3号で休刊となったが，同研究会のメンバーが中心となり，2011年には『性的マイノリティ判例解説』（信山社）という書籍も刊行された。先述の書籍とは逆に，研究会の機関誌は『法とセクシュアリティ』という誌名を採用しながら，ほとんど性的マイノリティのことしか扱っていなかった。この点，のちに刊行された判例解説の書名の選択は，一見したわかりやすさもさることながら，対象の限定に自覚的となる意図もあった。仮に『セクシュアリティ判例解説』とすれば，買売春やポルノグラフィ，性犯罪などの「セクシュアリティ」が扱われていない物足りなさを残すことになると予測されたからである。なお，本書の編者3名は同研究会の主要メンバーであった。

この両者の物足りなさは，1990年代のひとつの書籍ですでに克服されていた。角田由紀子『性の法律学』（有斐閣，1991年）である。本書はこの原点に立ち戻り，セクシュアリティという視点から法学を研究する基礎の構築をめざすものである。

---

3 「セクシュアリティ」をどう捉えるか

最初に確認しておくべきは，「セクシュアリティ」とは何か，である。「セクシュアリティ」という語の定義はいろいろあるが，次の2つの説明が簡潔かつ明快と思われる。

　狭義の性行為だけでなく，性と欲望にかかわる人間の活動全般を指す語。ただしこの語は「セックス」や「ジェンダー」と複雑に絡み合っており，厳密な定義は困難である。セックスは生物学レベルの営みを，ジェンダーは文化的性差を指すとされるが，セクシュアリティはそのどちらをも含み，生殖，快楽，恋愛，自己表現といった多様な領域にまたがっている。（『日本大百科全書』村山敏勝執筆）

　「性にかかわる欲望と観念の集合」であり，「人間の性行動にかかわる心理と欲望，観

3

念と意識，性的指向と対象選択，慣習と規範などの集合」をさす。（『岩波女性学事典』上野千鶴子執筆）

　このようにセクシュアリティを捉えた場合，これまで法学の領域で用いられてきた「セクシュアリティ」に大きく2つの系列があることがわかる。ひとつが「女性」のセクシュアリティ，もうひとつが「性の多様性」としてのセクシュアリティである。

　「女性」のセクシュアリティは，まさに先述の『セクシュアリティと法』が前提としていた「セクシュアリティ」である。女性と男性の非対称性あるいは支配／被支配の権力構造，格差の連続性などに由来するセクシュアリティの問題は，「女性の人権」を主軸として法学領域の研究対象となってきた。買売春の是非，ポルノグラフィ規制と表現の自由，DV やリプロダクティブ・ライツの認識などがその代表例である。ただし，そこで研究の対象とされるのが「女性」であること自体に疑問が挟まれることは稀であった。たしかに「女性」が一枚岩ではないこと——人種，障がい，年齢，出自などによる違い——に関する疑義は唱えられていたが，女性と男性は排他的に対置された関係にあること（性別二元制）や異なる性別の一対による絆が婚姻や家族の前提であること（異性愛主義）は，法的にも社会的にも自明の理とされてきた。

　そこで注目されるのが，「性の多様性」としてのセクシュアリティの視点である。たしかに，ジェンダーと法に関する研究成果の多くも，これまで性の多様性に触れることは多かった。最初に引用したジェンダー法学会の設立趣意書にも，「性的マイノリティの権利・自由もまだ確立していません」との記述がある。しかしながら，この設立趣意書からも読み解けるように，ジェンダー法学においては付け足し的な位置づけにとどまっていた。

　2010年以降は，性の多様性への社会の関心の高まりも手伝って，法学領域でも「性的マイノリティ」や「LGBT」をテーマとする研究成果が増加傾向にある。特に2015年に始まる地方自治体の同性パートナーシップ証明書発行手続きは，ブームといえるほどの書籍の刊行ラッシュを生んでいる。法律全般を扱ったものだけでも，『LGBTs の法律問題 Q&A』（大阪弁護士会人権擁護委員会性的指向と性自認に関するプロジェクトチーム，2016年），『セクシュアル・マイノリティ

Chapter ⓪ プロローグ

の法律相談』（東京弁護士会両性の平等に関する委員会セクシュアル・マイノリティプロジェクトチーム，2016年），『セクシュアル・マイノリティ Q&A』（LGBT 支援法律家ネットワーク出版プロジェクト，2016年），『LGBT 法律支援ガイド』（東京弁護士会 LGBT 法務研究部，2017年）などがある。『自由と正義』『法律のひろば』『季刊刑事弁護』『月報司法書士』などの法律実務家向け雑誌でも次々と特集が組まれている。ジェンダー法学会も設立15年目にして初めて，2017年12月に性の多様性を正面から取り上げるシンポジウムを開催する運びとなった。

4 本書の構成

　本書は，このような法学領域における研究の流れのなかで，「性の多様性」としてのセクシュアリティの視点を中心としつつ，性的マイノリティや LGBT を単純に対象化するのではなく，視点としてのセクシュアリティにこだわって編み上げた。いわば，先述の『セクシュアリティと法』と車の両輪的な位置において，セクシュアリティと法を論じるものである。

　全体は第Ⅰ部「人間身体と法」，第Ⅱ部「社会関係と法」，第Ⅲ部「言説空間と法」の3つに分かれている。

　第Ⅰ部では，人間の身体の性そのものに視点を置いている。身体の性に関する特徴はどのように決定されているか，性別の変更を法が規制することの意義，性がいかなる意味で保護法益となりうるかなどの論点を取り上げた。第Ⅱ部は，社会とのつながりのなかで生じる問題に焦点を当て，法律上の親子とは何か，法によって婚姻を規定することの意味，性に関する暴力の規制，企業活動における性の取り扱い，学校という場面での性教育のあり方などを取り上げている。そして，第Ⅲ部はより広い視野で物事をみるために言説そのものに焦点を当て，人権という概念，性とノルム，クィアと法の関係性などについて論考をまとめた。

　各論考は個別にお読みいただくこともできるが，各部を通読しながら，視点としてのセクシュアリティによる法的な論点の読み解きを体感していただき，これまでの法学研究では気がつきにくかった問題点を一緒に「発見」していただければ幸いである。

5

📖 文献案内

谷口洋幸・齊藤笑美子・大島梨沙編，2011，『性的マイノリティ判例解説』信山社.
　性的マイノリティに関連する日本・諸外国の裁判例や国際判例を幅広く紹介した書籍。日本の裁判例はほぼ網羅されており，諸外国や国際判例における法解釈と比較することができる。

【谷口洋幸】

第Ⅰ部───人間身体と法

法的性別の根拠は？

1 はじめに

　本章では，これまでのジェンダー法学のテキストではあまり着目されてこなかった「性別そのもの」について考えていくことを目標とする。すなわち，性同一性障がい／性別違和，DSD（性分化疾患）に関する法的諸問題を成立させるそもそもの観念であるところの，「生物学的性別」と「法的性別」，および，ふたつの関係性（あるいは無関係性）について考察する。

2 法的性別

1 氾濫する性別

　プレゼントの抽選に応募する。電車の定期券を作る。地域の図書館で本を借り出すためのカードを作る。こんなとき，日本の社会では驚くほど当たり前に性別を書かせられる。いったい一生で何度，男や女に○をつけることになるのだろうか。他方で，行政や国によって発行される身分関係の書類にも性別は記され，私たちの目の前に出てくる。たとえば戸籍抄本や住民票の写し，パスポート，それから多くの自治体における選挙投票場の入場券にも依然として性別が記された書類が発行される（頼んでもいないことである）。

　このように日本の社会には性別が氾濫している。前者の，自分が○をつける性別を「社会で表明する性別」，後者を「行政や国家が証明する性別」とに分

けることができるだろう。本章ではそのうち特に後者を取り上げ，「法的性別」と呼び，検討の対象とする。

本章ではこの「法的性別」と，「生物学的性別」の関係そのものについて考えることを目的とする。たとえばあなたの法的身分書類に「女」だと記載されていることと，あなたが「女」であるという生物学的な事実との関係について，今一度考えてみるというわけである。

この2つの関係についての最も素朴な感覚は，1行で表現されるものだ。「考えるまでもなく，法的性別は生物学的性別と呼応している。」おわり。つまり法的性別とは，裏にカーボン紙のついた「生物学的性別」という書類の第2枚目に当たり，それ自体は生物学的事実を忠実に書き写したものにすぎない，とする考え方である。

これは本当なのだろうか？　もし本当ならば，生物学と法学は同じ基準を用いて人を男もしくは女だと判断しているということになる。

この問いは奇妙な問いだと思われただろうか？　問いでもないことを問いとして立てているかのように思われただろうか？　しかし次のように言い換えれば，筆者の意図していることがわかるだろうか。——仮に，時代によって生物学や医学で性を分ける基準に変化があったとするならば，法的性別の基準はその変化に足並みをそろえて変化してきたはずである。もしそうでないならば，法的性別はある種の仮構（フィクション）の側面をもつ。この仮構的な側面を肯定的に捉え，より多くの人が不都合を強いられないような制度へと組み替えるためのきっかけとして考えられないか——このような思いから問いを発している。

そこで本章ではこの生物学的性別と法的性別がいかなる関係性にあるのかを，生物医学（生物学と医学をあわせてこう呼ぶ）の知見や法的資料などを用いてひもといていきたいと考えている。まずは，現行法において法的性別が各人に書き込まれるまでの手続きをおさらいすることにする。

❷ 法的性別が書き込まれるまで

出産によって新しい生命が誕生した場合は，戸籍法第99条第1項によって出生の届け出が義務づけられている（出生届書の提出）。第2項第1号においては

第Ⅰ部　人間身体と法

出生時の「男女の別」の届け出も義務づけられている。届け出の第一の順位とされるのは父または母である（同52条）。また，医師，助産婦又はその他の者が出産に立ち会ったときには，この順位にしたがって，そのうちの一人が出生証明書を添付しなければならない（同49条第3項）。

　出生届書と出生証明書とは，本来別のものであるが，実際には2つの書類は1枚の紙でつながっていて一体的に運用されている。出生届書の性別の書き方は，戸籍法施行規則（昭和22年12月29日司法省令第94号）の第59条における様式によると定められ，その様式をみると「（　　□男□女）」とある。□の前の空欄には「長」「二」などの長幼の順を，□には✓印をつけるよう例示があり，組み合わせて続柄を構成する。

　出生証明書のほうは続柄ではなく，単なる性別であるが，やはり記載しなければならない（「出生証明書の様式等を定める省令」昭和27年11月17日法務省・厚生省令第1号第1条）。記載は別記様式によると定められ，その様式をみると「1　男　2　女」とある。このように，2つの書類における性別記載の形態は若干異なるものの，どちらの書類も，性別は男か女かという二分法であり，それ以外を念頭には置いていないようである。

　行政の窓口では，提出された出生届書と出生証明書とを見比べて，齟齬がないかを確認し，受理する。戸籍には続柄を記載しなければならないこと，戸籍の記載はひな型に定められた欄に記入することが定められている（戸籍法第13条，戸籍法施行規則第33条）。戸籍官吏はこれらの規則にのっとって戸籍に記入をする。こうして本人の「法的性別」は公的書類に初めて書き込まれることになる。

　手続きをおさらいすると，〈医師等による出生証明書→父母等による出生届書→戸籍官吏による戸籍記載〉という流れになる。

　このようにして書き込まれた法的性別は，生物学的事実を引き写しているのだろうか？　出生届書・出生証明書の一体的運用や，いくつもの法律や省令で定められた厳格な手続きからは，誕生した生命というものは，医師等の証明内容にもとづいて事実が記載されるべきであり，父母や役人が恣意的に変えてはならないといった思想があるようにも読み取れる。いわば，「法的性別」とは「生物学的性別」の別名のようである。

Chapter 1 性　　別

　だが，本当にそうなっているのだろうか？　ということを本章では探っていくわけである。まずはそのための頭の体操として，私たちの出生時における性別の判定の仕方について，現在行われていることを確認しておきたい。

　私たちは出生時の性別の判定を，外性器の形状に頼っている。陰茎があれば男児，そうでなければ女児としている。もちろん，生まれる前に性別がわかっている場合もある。そうしたケースを，読者もきっと聞いたことがあるだろう。しかし出生前の性別診断の大半は，現在でも超音波診断による。この診断は精度が上がり，3D 技術の恩恵もあずかっているものの，画面にぼんやりと表示される胎児の股ぐらにある，それらしき図像を判断材料としている点では，2D も 3D も変わりない。今なお医師は，外性器が隠れるような体勢をとっている胎児に対する性別の判定では，そうではないケースに比べ，慎重になる。

　もっとも超音波診断以外にも，さまざまな出生前診断が行われるようになった。たとえば多重マーカー検査というものがある。この検査をした場合，胎児の性染色体の構成は判明する。とはいえこのような出生前診断を受けて生まれてきた胎児は，いまだなお多数派でない。

　こうした状況から，さしあたり次の 2 点を確認して先に進みたいと思う。①法的性別は，男女二分法を前提としている。②手続きには恣意性が介在しないことになっているが，法的性別が引き写しているとする生物学的な事実とは，多くの新生児の場合，いまだ外性器の「形状」である。

3　性別の基準

　生物学的な性別を判断するために「外性器の形状」が手がかりとなっている事実は，意外に生物学らしからぬ状況ではないか，と読者は感じただろう。では，「より生物学的な」性別の基準とは何であろうか。

　私たちはその基準の存在を，さまざまな知識からすでに学んでいる。たとえば保健体育の教科書には，「性別は受精の瞬間に決まり」「XX なら女性に，XY なら男性になる」と書いているのをみたことがあるだろう。ヒトを男か女かに決する生物学の性別の基準は「染色体」にあることを，私たちは知っている（この知識を《染色体規則》と呼んでおく）。

11

第Ⅰ部　人間身体と法

　ただ，この規則の歴史は，長く見積ってもせいぜい最近の半世紀にすぎない短いものであったことは知っていてよい。それ以前の性別の判定ルールは染色体にはなく，性腺にあった。性腺組織が精巣なら男，卵巣なら女とされてきた（《性腺規則》）。

■ 仮性と真性

　なぜ性別の基準が性腺にあったといえるのか。それは，「半陰陽」と呼ばれてきた生物医学的所見に対する呼称から推察できるためである。「半陰陽」の診断名に「男性」や「女性」をつけるか否かについて，一定の法則が見出されるためである（なお，「半陰陽」は，のちに「インターセックス」と呼ばれ，さらに現在では「性分化疾患（DSD）」と呼ばれるようになったが，ここでは歴史的呼称を検討するため，当時の言葉を使うこととする）。

　精巣はそれ自体が男性ホルモンを生成する器官であるが，男性ホルモンを生成できない場合や，生成してもその受容体を欠く場合がある。これらのケースでは，精巣をもちながらも，内外性器が膣，陰核，陰唇などに分化することがあり，「男性仮性半陰陽」（male pseudo-hermaphroditism）と呼ばれてきた。

　他方で「女性仮性半陰陽」（female pseudo-hermaphroditism）と呼ばれてきたケースもある。男性・女性に限らず，男性ホルモンと女性ホルモンは，いずれもひとりの生体内で生成されるが，精巣をもたない多くの個体では，ある比較的低い値に達すると脳下垂体に負のフィードバックがかかり，男性ホルモンをこれ以上分泌させないようにする仕組みを備えている。しかし何らかの原因で負のフィードバックがかからない生体の場合には，弱い男性ホルモンが大量に放出し続けられることになる。この場合，陰核に成長するはずの器官が陰茎のように発達することとなる。

　こうした所見をもつ症例などを医学は「男性仮性半陰陽」「女性仮性半陰陽」と呼んできたのであるが，ここで出てくる仮性（pseudo）という語は，「偽(にせ)」という意味である。「仮性近視」とは，眼精疲労により一時的に近視に似た症状となることを指し，近視ではない。「仮性認知症」とは，高齢者におけるうつによって引き起こされる記憶障害が認知症の初期症状と間違われることを指し，認知症ではない。「男性仮性半陰陽」とは「一見，半陰陽に思えるが偽の半陰

陽であり，男性である」という事象を指す言葉である。「女性仮性半陰陽」とは「半陰陽にみえるが偽であり，女性である」という事象を指す言葉である。

「偽」というからには，「真の」（true）状態も想定されている。「真性半陰陽」（true-hermaphroditism）とは，「卵巣と睾丸〔精巣〕の両方を有する個体」（玉田1978：108）を指す。卵巣と精巣が共に存在したり，一体型の組織（「卵精巣」）として存在したりする場合にそう命名される。

重要なのは，仮性半陰陽と異なり，真性半陰陽には「男性──」「女性──」の冠がつかないことである。また，真性半陰陽は，「半陰陽」全体に占める割合がごく少数にとどまるところにも着目したい。これらから，きわめてわずかなケースのみを，男でも女でもない「真の」半陰陽として診断・命名し，それ以外を生物医学はすべて偽の半陰陽であり，「男性」か「女性」であるとしてきたことがみてとれる。

この《性腺規則》は，20世紀前半においては頑健な規則であったが，次節で詳しく説明するように1950〜60年代頃を境として染色体の研究が興隆すると，半陰陽の分類はかなり揺らぐことになっていく。とはいうものの，染色体研究が進展してもなお，1985年に訳出された医学書においても《性腺規則》はしぶとく残っていた。次のようにである。

> 外性器が男か女か紛らわしいものは半陰陽と呼ばれ，その分類は性染色体構成に関係なく生殖腺の組織像によって決定される。男性仮性半陰陽は精巣組織の，女性仮性半陰陽は卵巣組織の存在によって定義される。真性半陰陽においては，精巣，卵巣両組織が存在する。（レブ-ラン　1985：97）

2 規則の変化

《性腺規則》が絶対的な規則でなくなっていくのは，1950年代の終盤から次々と新しい知見がもたらされた染色体の研究による。

ただし染色体そのものの発見は，1888年までさかのぼる。当時は「染色-体」の名が示すように，顕微鏡で観察可能な，塩基性の色素によく染まる構造体という程度の意味しかなかった。性決定に関与するという仮説を初めて唱えたのは，1905年のスティーブンズ（Netti Stevens）である。彼女はメンデルの法則を実験動物によって確認していくモーガン学派のひとりであった。また，同

第Ⅰ部　人間身体と法

じくモーガン学派のブリッジス（Calvin Bridges）は，染色体の不均等な分離によって XO 個体や XXY 個体が誕生する説を提唱した。

　２人の仮説はいずれも昆虫の観察による。生物学の新たな知見は，実証が比較的容易な「モデル生物」によって突破口が開かれる。このため，どうしてもヒトの研究は出遅れる。たとえば，今私たちには「ヒトの染色体数は46本である」という常識があるが，これが指摘されたのは，昆虫に遅れること半世紀，1956年のことであった（浅香 1973：146）。ターナー症候群，クラインフェルター症候群の医学的所見が性染色体の核型（XO, XXY）と関係するというブリッジスの仮説がヒトにおいて確かめられたのも，1959年のことである（Ford 1959；Jacobs and Strong 1959）。ターナー症候群，クラインフェルター症候群そのものが外貌上の特徴として医学で報告されたのは，それぞれ1938年，1942年までさかのぼるから，外見の研究と染色体の研究との間にタイムラグが20年程度あることになる。このように，ヒトの性に関する研究は1960年ごろに大きな転回点を迎えたのである。このころから，生物医学は「ヒトの性」を，染色体構成（遺伝子型）と形質（表現型）とに分けたうえで，遺伝子型が表現型を規定するという視点からみるようになる。

　研究の進展にともない，生物医学は《性腺規則》を過去の知見として葬ったのだろうか。実はそうならなかった。その証拠に，先ほどのレブ-ランの引用にあるように，真性／仮性半陰陽という診断名と《性腺規則》はその後も使われ続けてきたからである。

　葬りきれなかったのはいくつかの理由があると思われる。《染色体規則》は，精巣をもつような XX 個体（「XXmale」）などをうまく分類できなかった。この「XXmale」をはじめとする遺伝子型と表現型が一致しないケースが報告されるにつけ，性には「層」があるという考えへと傾斜していく。さらには，遺伝子型と比較すると表現型は多彩であることから，性は１つの層内においても「グラデーション」の様相をもつという考え方を認めざるをえなかった。

　これらの新しい考え方は，生物学的多様性（diversity）の例として人文・社会科学で肯定的に紹介されることが多い。しかし同時に，《性腺規則》を捨てきれなかったことにも批判の目を向ける必要がある。というのも，もし，《染色体規則》を採用すれば，《性腺規則》のときと比べてはるかに多く「男でも女

14

Chapter 1 性別

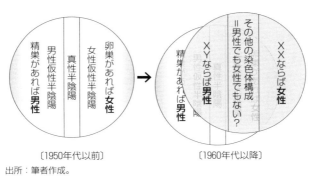

図 1-1 性別の基準の変化

〔1950年代以前〕　〔1960年代以降〕

出所：筆者作成。

でもない」人々が出現することになる。生物医学が《染色体規則》へと大きく舵を切れなかったことは，そうなってはならないとする，何らかの規範的な力が働いていたと想定すべきだからである。

したがって生物医学には，性の多様性を許容／否定するどちらの見解もあったと考えるべきである。性別の基準は《染色体規則》へと収束することなく，二重の規則として併存することになった。1960年代以降の生物医学での基準は，複合的なものとなる（図1-1）。

以上本項では，生物学的な性別の基準が研究の進展によって変化していったことを追っていった。染色体研究の進展にともなう基準の変化は，次の2つの性別観をもたらしたものとしてまとめられる。①（卵子とX精子からなる）XX受精卵と，（卵子とY精子からなる）XY受精卵が，性別をダイレクトに決めるという受精時決定論的な考え方を強めた。しかし他方で，②《染色体規則》では説明できないケースもあることから《性腺規則》は残り，2つの規則は併存状態にあった。

3 法的性別

では，法的性別はどうだったのだろうか。法的性別が生物学的性別の基準を引き写しているにすぎないならば，生物学的性別の基準をトレースし，また，生物医学での基準の変化に呼応する形で法的性別の基準も変化しているはずである。このことについて，世界の動向を押さえるのは筆者の手に余りあるので，

第 I 部　人間身体と法

日本の場合をみていきたい。

　結論から先に述べれば，法的性別は途中まで生物医学の基準と呼応していたが，時代が下るにつれて一概にそうであるとはいえなくなっていった。

　1963（昭和38）年に，いったん「長女」とされた子が「男女いずれに属する子か生理的，医学的に判明しない場合」があり，続柄欄をどうすべきかの判断を，東京地裁が下したことがあった。裁判所は，「開腹試験の結果」「両側に睾丸を認めうる」「男性仮性半陰陽で」あるから，「申立人が女性であることを前提とする戸籍記載には錯誤があるものというべき」とし，「長女」から「長男」へ訂正してよいとする許可を下した（東京家裁・1963（昭和38）年5月27日・審判，田中 1965）。

　睾丸（精巣）の存在に性別の基準を求めていたことから，この時代の法的性別の基準は《性腺規則》に拠っていたといえる。1963年といえば，世界の生物学者がさかんに染色体研究を行い始めたころであり，日本の司法が最新の生物学的性別の知見を織り込んでいないのは，当時の状況としてやむなきところがあるだろう。

　これが1979年になると，司法は明確に《染色体規則》を打ち出すようになる。ある「性転換手術」を受けた男性が，戸籍の続柄を「二男」から「長女」に訂正してほしいという申し立てをした。一審の名古屋家裁はこの申し立てを却下，二審の名古屋高裁も一審を支持した。二審の判決文は「人間の性別は，染色体如何によって決定されるべき」とし，「同本人を女と認める余地はまったくない」と断じた（名古屋家裁・1979（昭和54）年9月27日・審判，名古屋高裁・1979（昭和54）年11月8日・決定〔家庭裁判月報33巻9号61頁〕）。

　上記2つの司法判断から読み取らねばならないことは，①司法において基準が変化したこと，および，②基準が変化したにもかかわらず，ただ1つの基準を用いて人は男もしくは女のどちらかに分類しうるのだという観念を，司法はもち続けてきたことである。性の多層性と層内の「グラデーション」を意識するようになった生物医学とのあいだには，足並みの微妙なズレがみられ始める。

　その後，日本の司法は1991年にきわめて重要な判断を下す（札幌高裁・1991（平成3）年3月13日・決定〔家庭裁判月報43巻8号48頁〕）。札幌高裁は，性染色体がXYの申立人の続柄「二男」を，「長女」に訂正する許可を出す。高裁は，

16

Chapter 1 性　別

性器異常をともなう申立人の法的性別は，性染色体の核型にとどまらず，外性器の外科的修復の可能性，将来の性的機能の予測等をも勘案し，将来においてどちらの性別を選択したほうが当該新生児にとってより幸福かといった予測も加え，そうした医療上の状況にもとづいてなされるものだと判断した。

この判断は，性染色体の核型というただ1つの生物学的基準を用いて法的性別を決めるのではなく，当人の生の質を高めるために多義的・総合的に検討するべきだとした点で画期的なものといえる。

一意的な規則からの解放は，新しい生物医学の考えに近づくことになったのだろうか。

同じころ，生物学では再び大きな転回点が訪れていた。かねてよりヒトの性分化というのは，何も作用がなければ基本的には膣・子宮が作られるように進むが（「イヴ原則」），特別な伝令を受けた場合に原始性腺は精巣に分化することが解剖学的所見をもとに仮構され，そうした仮説を実証する研究が進められていた。そして，この仮説における精巣性分化を促す未知の因子のことを TDF（精巣決定因子 testis determining factor）と呼ぶようになった。ただ，TDF のスイッチをオンにする因子を，生物学は長らく特定できないままだった。分子生物学の研究の進展は，その因子となる遺伝子をみつけようとしていた。

4　これからの性別の基準

◼️ 性別決定遺伝子

1989年，ペイジらによって，Y染色体上のある領域に存在する遺伝子がTDF であると発表され，この遺伝子は ZFY 遺伝子と名づけられた（Page 1989）。ただし精査の結果，その領域は間違いであることがわかり，翌90年に，シンクレアやグッドフェローらのグループによって，ZFY 遺伝子のすぐ近くの領域が TDF の作用をもつこと，そしてその領域を「性別決定遺伝子」（SRY：Sex-determining region Y）と呼ぶことが発表された（Sinclair 1990）。

もっとも，この遺伝子がたしかに性別を決定する働きをもつというためには，SRY 遺伝子をもたない個体（通常の XX 個体）に，遺伝子組み換え技術で SRY遺伝子を挿入し，精巣性分化が進むことを証明する必要がある。グッドフェ

17

第Ⅰ部　人間身体と法

ローらは翌年，マウスでこの実験に成功したことを雑誌 *Nature* で報告する（Koopman 1991）。その号の *Nature* の表紙を飾った写真は，この実験によって作られた陰茎をもつ XX マウスであった（福岡 2008）。こうして長らく想像上の因子でしかなかった TDF を活性化させる遺伝子は，*SRY* 遺伝子として同定されるに至った。

　グッドフェローらの研究のインパクトは，ジャーナリスティックな面からいえば，（雑誌の表紙に採用された写真のように）「性転換」を人為的に引き起こしたところにある。だが，性別論の見地から指摘しうる重要な点とは，①性分化の一般則を従来から一歩進めたこと，ならびに，②それまで稀であり原因もよくわからないとされてきた「XX 男性」「XY 女性」の出現要因を *SRY* 遺伝子の存否からある程度説明できるようになったところにある。XX マウスに *SRY* 遺伝子を挿入することによって精巣性分化の誘発を証明してみせたこの研究は，一般的な性分化にも特別な性分化にも新たな知見をもたらした。こうして，かねてよりしばしば体系性を欠く記述分類学に偏りがちであった「半陰陽」の学問は，より矛盾が少ない形で性分化論のなかに統合されていくことになった。

　では，このような動きのなかで，法的性別の基準はどうなっていくのだろうか。札幌高裁は，《染色体規則》から決別し，多義的・総合的な視点から当事者の生の質を高める形で法的性別を決めるのがよいとしたのだった。このように法的性別はただ 1 つの基準から，多義的・総合的な基準へと移った。しかし今後は，再度，ただ 1 つの基準（《遺伝子規則》）へと収斂していくのだろうか。たとえば，*SRY* 遺伝子の有無を出生証明書へ添付させる方向へと向かうのだろうか。

　筆者はそうならないと思う。「出生時」に性別を判断するという法的性別のこれまでのコンセプトに，分子生物学のもたらしつつある新しい知見はそぐわないとみているためである。

２　分子生物学の進展はどのような性別観をもたらしうるのか

　そうならないと考える一番の理由は「時間」である。分子生物学は研究の進展によって，性別というものを受精の瞬間に決まるものではなく，比較的長い性分化の時間のなかに置きなおすことになった。

Chapter 1 　性　　別

　ヒトは細胞からなる。体細胞であればどの細胞も 1 セットのゲノムをもっている。だが，通常，鼻から爪が生まれないように，ある器官の発達のためにはある特定領域における遺伝子の活性化が必要となる。活性化のためには，ある時期に，特定のたんぱく質が特定の器官の細胞（標的細胞）において，うまく結合することが必要である。うまく結合すると，そこに暗号化されている遺伝子が読み取られ始め，さらに新たなたんぱく質ができあがる。生成されたたんぱく質は生体内全体もしくは一部分を漂流し，特定の場所でうまく結合される偶然を待つ。段々状の小さな滝が次の滝を作って流れていくイメージから，この流れをカスケードと呼ぶ。

　この事実は，SRY遺伝子はすべての性決定を司るわけではないということでもある。SRY遺伝子は間違いなく，精巣性分化のカスケードの最上流に位置する遺伝子であるが，とりもなおさずそれは，精巣性分化の引き金を引く「トリガー遺伝子」にすぎないということでもある。その後の性分化に関与する遺伝子は，さまざまなものが発見されている。SRY遺伝子をもつ XX 男性のことを SRY（＋）XXmale と表記するが，SRY（－）XXmale もケース報告がされていることから，SRY遺伝子が同定されてもなお，SRYの転移や欠損では説明のつかない例から，さまざまな遺伝子が性決定機構の解明に重要な役割を果たしていることが示唆されている（武藤 1998：478）。

　また，ヒトを含めた哺乳類は，特別な伝令がなければ「イヴ原則」によって膣・子宮が作られるとはいうものの，遺伝子型が XX であれば「女性」型への性分化が達成されるわけではない。たとえば，卵巣の分化は単なる受動的な遂行ではなく，精巣への分化を積極的に抑えて卵巣への分化を達成させる遺伝子の存在が指摘されている（関戸 2012：6）。さらにいえば，性ホルモンの活性化は，第一次性徴が終わると一度封印され，第二次性徴期に再び活性化されるようになるが，第二次性徴期のホルモン生成に関与する遺伝子を含めれば，「性決定」の時期は大幅に引き延ばされる。「性決定」を全体として司る遺伝子はどこにもないことがわかる。

　つまり，分子生物学の進展は遺伝子を次々と発見していったが，遺伝子の作用はますます微分的である事実を私たちに突きつけていった。性分化を統一的に監視する「神の見えざる手」は存在しない。分子生物学の進展は，私たちが

第 I 部　人間身体と法

イメージする「ひとかたまりとしての生物学的男性像もしくは女性像」が，生
物学的事実のなかには存在せず，それは語の正確な意味において私たちの観念
のなかにしかないことを，あらためて教えてくれたのである。

5　おわりに

　分子生物学がこのように進展を遂げている現在，どのような法的性別の制度
を作るのが望ましいか。これを最後に考えておきたい。「性別を社会で表明さ
せられること」や，「行政や国家が性別を示すこと」によって，苦しみや不都
合を感じる人々は厳然と存在する。そうした人々を知りながらもみないでおく
という不作為と，法的性別をなくしてしまうという最もラディカルなやり方と
のあいだには，さまざまな取り組みが挙げられうる。以下に掲げる取り組みの
一部はすでに始まっている。

　ひとつには，法的性別の届け出制度は維持するものの，不要な性別欄をでき
るだけ撤廃していくという方策がある。日本社会における「性別の氾濫」に対
して，窮屈な思いを感じている者は少なくない。「行政や国家が個人の性別を
明示する」機会を減らすことが，「社会で性別を表明させられる」場面を減ら
すことにもつながる。後者から前者への作用も大いに考えられる。不要な性別
欄の撤廃は性差別的な事象を減らすだろう。

　いまひとつは，出生時に届け出を義務づけている法的性別の制度を緩和する
ことである。何度も訂正や変更ができるように制度の柔軟性を高める方策を作
る。現在の日本では，性別の判定が困難な性分化疾患を抱える新生児に対して
は，留保の道があり，出生届を提出する局面では「その他」欄にその旨を記載
して届け出をし，後日，医師の判定資料などを添付して，戸籍法第45条に定め
られた追完届をするというやり方が認められている（星野 1999）。しかもこの
「後日」には，期限が区切られていない。この追完の制度を，性分化疾患以外
の人々，たとえば（性分化疾患をもたない）性同一性障がいを抱える人々にも解
放することを検討してはどうだろうか。

　前節で明らかにしたように，仮にすべての遺伝子とたんぱく質の機序が解明
されたとしてもなお，ある遺伝子をもっていることは，ある運命的な道をたど

Chapter 1 性　別

ることを意味しない。もし読者のあなたが，やはり法的性別は生物学的性別を引き写すべきだと考えているとしても，性分化のメカニズムを確実に引き写すのならば，法的性別は性分化の十分な結果が出るまで十分に留保するのが一番よいという結論となる。

　他方で札幌高裁が切り拓いたように，法的性別は生物学的性別の引き写しではなく，生物学的根拠からある程度独立した，制度＝仮構物（フィクション）であるという見方をとるのならば，法的性別は生物学や医学から自由になれる。その場合の法的性別の基準は何に求めればよいのだろうか。

　おそらくその場合は，多くの運動家や研究者が指摘してきたように，性自認に求めるのがよいだろう。すなわち，当人が自分自身の性別を何だと思っているのかという心理的把握（性自認 gender identity）を法的性別の根拠とするのがよい（《性自認規則》）。理由は性別の自己決定の尊重にある。

　ただしそうするに当たっては一定の条件をつけておきたい。現在の日本における「性自認」の理解のさせ方／受容のされ方を変えていく必要がある。現在の日本では，「性自認／心の性」は「容易に変えることができない」ものであるため，「性同一性障がいの人々に望まない心の性を強制することはやめよう」というロジックが存在する。このロジックにおける「性自認」「ジェンダー・アイデンティティ」は，当人の意思を離れた変更困難な概念として理解されている。

　ここに問題がある。そもそもアイデンティティとは，本来的には自我と客我とのあいだにみられる絶えざるフィードバックであったり，もしくはその力によって絶えず変容したりする自己イメージに関する，ある程度の一貫性を指した言葉であった。本人の意思を極力捨象した「ジェンダー・アイデンティティ」概念は，心理－社会の動的側面を捨象した，かなり乱暴で冷たい概念であるといわざるをえない。一般的なアイデンティティ概念と，性同一性障がいの問題系でのジェンダー・アイデンティティ概念とのあいだには，微妙だが深刻なギャップがある。意思が脱色されてしまった「アイデンティティ」概念は，性別の自己決定論を一層推し進めるときに，つねに矛盾として立ちはだかることになる。このギャップを生物学者や医学者は問題視しない。そのためこのギャップは人文・社会科学の者がつねに意識し，ローカライズされたアイデン

21

第Ⅰ部　人間身体と法

ティティ概念を強化しないような理念のもとで，制度を作るべきである。

　本章は，法的性別をトピックとして，生物医学と法的制度の関係性（あるいは無関係性）を探り，人間社会における法的制度のある種の仮構性・独立性を示していった。多くの人々が幸せになれるための法的制度の構築が，法学には積極的に求められている。

📖 文献案内

加藤秀一，2017，『はじめてのジェンダー論』有斐閣.
　性別を原理的な側面から徹底的に考えていこうとする読者には，必読の書である。

【石田仁】

性同一性障がい

性別違和をもつ当事者に法は応答できているか？

1 はじめに

「あなたの性別は？」と問われたら，書類の性別記入欄に迷わず○をつけるように，多くの人は「女性」もしくは「男性」と迷わず即答するだろう。もし続けて「その性別はいつ・誰が・どのように決めたか」「法的に女性／男性であることをどうやって証明するか」などと聞かれたら，同様にスムーズな回答ができるだろうか。実際に尋ねてみると，あらためて考えたことがないと言葉に詰まってしまう人が多かった。大多数の人は出生時に決められた自分の性（別）で違和感なく生活し，「（自分が）女性／男性であること」をわざわざ証明する必要がないほどにそれが「当たり前である」からである。

これに対し，出生時に主として身体的特徴によって決められた性（「身体の性」：生物学的な性別）と物心がついた後に自覚するところの性（「心の性」：性自認の性別）とが一致せず，生物学的な性別＝法的な性別が「当たり前ではない」人が存在する。かつては，この不一致な状態とその当事者についてまったく想定されておらず，世に認知されていなかった。日本では90年代後半にこれが「性同一性障害」という名称の「疾患」と位置づけられ，疾患であるがゆえに然るべき治療を施す対象として認められるようになった。また，著名人の当事者による「カミングアウト」やテレビドラマのテーマとして取り上げられることなどにより，徐々に性同一性障がいの概念が浸透していった。

性同一性障がいとその当事者について知られるようになっても，多くの一般

第Ⅰ部　人間身体と法

表2-1　性・セクシュアリティに関する諸概念と多様な性のあり方

性同一性障がい	生物学的性別 sex「身体の性」	性自認 gender identity「心の性」	性的指向 sexual orientation（「好きになる人」・性愛の対象の性別）				性役割 gender role（期待されている性別のあり方）
			異性	同性	両性	無し	
―	男	男	女	男	男女	―	男
―	女	女	男	女	男女	―	女
MTF	男	女	男	女	男女	―	男／女
FTM	女	男	女	男	男女	―	女／男

出所：筆者作成。

人の認識はあいまいで不正確なままである。とりわけ，性自認（自分の性別が何であるかの認識）と性的指向（性愛の対象者が異性か同性かなど）とが混同され，「性同一性障がいの当事者＝同性愛者」という誤った理解がよく見聞される。また，すべての GID 当事者（後述）が手術をともなう「性の変更」を望むと思われがちであるが，実際は多様な当事者が存在する。当事者にとって本来的な自分の性（別）は「心の性」であり，出生時に登録された「身体の性」を「心の性」に一致させるための手続きは，当事者本人にとっては「性の変更」ではなく，元に戻すための「性の回復」ということができる（表2-1）。

　表2-1に関して，①性的指向の性別（性愛の対象となる相手の性別）と性自認の性別（自分の性別）が反対であれば「異性愛 heterosexual」，同じであれば「同性愛 homosexual」となり，対象が両方であれば「両性愛 bisexual」，特に性愛の対象が無い場合は「無性愛 asexual」などと分類される。

　②生物学的性別と性自認の性別が反対の場合に「性同一性障がい（GID）」とされ，男性→女性であれば MTF（male to female），女性→男性であれば FTM（female to male）という。また，GID の人（下段2つ）も GID ではない人（上段2つ）と同様に，さまざまな性的指向をもつ人がいると考えられる。また GID は「生物学的な性別が明らかである」場合とされるため，出生時の性別の判別が難しいインターセックス（半陰陽・間性・性分化疾患）とは異なる。

　③性役割はその性別にその社会で一般的に期待されている「像」「イメージ」でもあり，「男らしさ masculinity」や「女らしさ femininity」の概念と結びつく。GID の場合は，生物学的性別にもとづく性役割か性自認にもとづく性役割か，

Chapter② 性同一性障がい

いずれを意識するかは個人によって異なると考えられる。

実際にはこの表のように分類しきれるものではなく，いずれにも当てはまらないという場合を含め，性的アイデンティティの濃淡や強弱には個人差・多様性がある（「性のグラデーション」といわれる）。

2 概念の変遷

■ 性同一性障害／障がいから性別違和へ

「性同一性障害」の用語は米国精神医学会が定める「DSM（精神疾患の診断・統計マニュアル）」（Ⅲ～Ⅳ版における表記）や WHO が定める「ICD（疾病および関連保健問題の国際統計分類）」（9～10版）に診断基準とともに示されていた疾患名 Gender Identity Disorder（以下，GID とする）の訳語である。日本では1996年に日本精神神経学会がこの「疾患」の診断を明確化し治療に関するガイドラインの策定を決定したときから用いられ（山内 1999），2003年7月に成立した「性同一性障害者の性別の取り扱いの特例に関する法律」（以下，「特例法」とする）にみられるように公認の用語として定着してきた。他方で英国や欧州において GID は用いられず，医学的には Gender Dysphoria（性別違和）が，一般的には Transsexual もしくは Transgender が，それぞれ用いられてきた。

これまでに先天性のものと理解されている GID を「障害」と名づけることについて，また「障害」の表記について，適切かどうかの議論がある。内閣府で法令等における「障害」を「障碍」あるいは「障がい」と表記することに関するヒアリングや審議会で議論がなされたが，変更する結論には至っていない（内閣府 2010）。しかしながら，「性別は男性か女性かのどちらか」とする性別二分法に批判的な目が向けられている今日において，性同一性（性別をどのように自認するか）は身体や心だけでなく社会的にも規定され，多様性に富んだものと理解されつつある。そのため GID に「障害 Disorder」が付されていることによるスティグマ化（不当に当事者が差別されかねない烙印づけ）が欧米で問題視され改善が求められていたところ（松永 2011），2013年に出された最新版の DSM-Ⅴ において「障害」が外され，診断基準の再検討等により GID は「性別違和 Gender Dysphoria」に変更された。この性別違和の概念は多様な個々

25

の患者（当事者）が抱える問題に焦点を当てており，従来の GID 概念より広い内容となっている（松永 2014）。

さらに，2018年までに公刊が予定されている最新版の ICD-11 においては（WHO ウェブサイト http://www.who.int/classifications/icd/revision/en/ 参照），GID の「脱病理化」（「心の性」と「身体の性」の不一致という当事者の主観的な苦痛をより尊重する）がはかられる見込みである。WHO の提案によれば，現行のICD-10 で「精神および行動の障害 Mental and behavioural disorders」の章に置かれている GID カテゴリは削除され，ICD-11 で新設する第5章「性に関する健康関連の病態 Conditions related to sexual health」に思春期および成年の当事者と子どもの当事者の両方を含む形で「性別の不一致 Gender Incongruence」のカテゴリに代わるという。

日本においては，疾患名も特例法においても GID のままで変更されてはいないが，日本精神神経学会で DSM-V の病名・訳語ガイドラインを発行して性別違和を紹介しており（日本精神神経学会・精神科病名検討連絡会 2014），ICD-11 の公表を待って GID の用法について今後検討される可能性はある（東 2016）。

❷「疾患」としての GID と多様な当事者

日本精神神経学会の GID 診断と治療のガイドラインは1997年の初版から改版が重ねられ，現行のものは2012年に出された第4版である（日本精神神経学会・性同一性障害に関する委員会 2012，2017年までに一部改定あり）。ガイドラインで定める GID の治療には精神科領域の治療と身体的治療があり，前者は治療の第1段階に位置づけられ（精神的サポートと実生活経験 real life experience），後者は第2段階のホルモン療法と乳房切除術と第3段階の性別適合（性器）手術である。2002年の第2版のガイドラインでは，臨床例から GID の症状は多様で体質を含め個人差が大きいことが明らかになり，画一的な治療は望ましくないとの指摘がなされたことで，第1段階の精神療法は必須であるが身体的治療の段階に必ずしも進まなくともよいとする改訂がなされた。また，第2段階の治療の対象が20歳から18歳に引き下げられた（図2-1）。

GID 当事者の多様性は「自身の生／性をどのように生きるのか」という価値観の違いに依拠するものであり，可能な限り当事者個人の人権を尊重すべき

Chapter ② 性同一性障がい

図2-1 日本精神神経学会の診断と治療のガイドラインに準拠した
GID当事者の診断・治療・法的対応

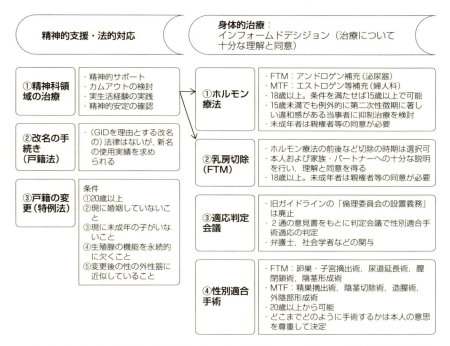

出所：山本（2014）5頁の図「性同一性障害（GID）に対する治療」をもとに字句および矢印を筆者が加筆修正して作成。

であるとして，第3版のガイドライン（2006年）では段階的な治療を廃止し，（公共の福祉に反しない限り）身体的治療の各治療法の種類や順番を本人が選択できるようにした。現行のガイドラインは，①性ホルモン療法の開始年齢を条件つきで15歳へ引き下げ，②思春期にみられる第二次性徴の抑制治療の追加（ただし12歳未満の場合には慎重に適応を検討する）など，特に治療の対象を若年のGID当事者に広げた点で大きな改正となった。

このようにガイドライン改正の歴史は，当事者の多様な実態を明らかにし，実状に即した適切な治療法を模索してきた過程を表すものであって，結果的に上述した欧米の「脱病理化」に沿うものとなっている。公的には法律上も医学的にもGIDという用語が用いられているが，医療の現場においては「障害」

第Ⅰ部　人間身体と法

ではなく当事者本人の（性のあり方の）選択を優先するという，性別違和の概
念に対応した実務がとられてきたといえる。

3 当事者が直面する法的な問題と対応

■ 問題の所在

　GID 当事者が「身体の性」と「心の性」の不一致の問題を解消するために
は次の３つの「一致」が必要となりうる。すなわち，①「医学的な（治療によ
る）一致」，②「社会的な一致」，③「法的な一致」である。①については前節
で触れたように早くから所定のガイドラインにのっとって治療が行われること
で「心の性」に「身体の性」を近づけることが可能であった。②についても①
と前後して「心の性」で日常生活を送り，他者からもその性で扱われることで
実現しうる。ただし③は具体的には個人の身分・アイデンティティを表す公的
文書の性別や名の記載を変更することであり，「身体の性」にもとづく法的な
性を「心の性」に一致させるための法的な手段と手続きが必要となる。しかし
ながら，従来の法はこのような性の変更を想定していないため，GID に関す
る定めがなく（法の欠缺），何らかの解決が求められた。

■ 「司法的解決」と「立法による解決」

　GID 当事者の存在や直面する問題は諸外国においても同様にみられ，日本
に先駆けてさまざまな対応がなされてきた。前項の「法的な一致」の問題につ
いては，裁判官の解釈によって変更を認める判決を出した「司法による解決」
をした国と，性の変更を認める法律を作った「立法による解決」をした国とに
分かれる。前者はスペイン（1987年），フランス（1992年），ニュージーランド
（1995年），オーストラリア（2001年），韓国（2002年）などであり，他方スウェー
デン（1972年），ドイツ（1980年），オランダ（1985年），英国（ここではイングラン
ドおよびウェールズを指す。2004年）などは，GID 当事者の性の変更を認める法
律を新たに制定した。

　「立法による解決」をした国のなかでも英国は，立法に遡ること30余年前に
出された Corbett 判決（英国高等法院・1970年２月20日・判決〔Corbett v. Corbett

28

Chapter 2　性同一性障がい

(Otherwise Ashley) (Probate, Divorce & Admiralty Division) [1971] P 83]) で出生時の性は変更できないという先例に長らく拘束され，「司法的解決」に至ることはなかった。GID 当事者の法的な性を問う同判決において，人の性を決定する主たる要因は生物学的なもの（性染色体，外性器，内性器）であって精神的な要因（自認する性）は重要ではないという判断基準が示された。この先例はその後の英国内外の司法判断に大きな影響を及ぼしたが，他国は英国よりいち早く独自の解決方法を見出した。英国が「立法による解決」に行き着く契機となったのは，2002年の Goodwin 判決および I 判決（欧州人権裁判所・2002年7月11日・判決 [Goodwin v. UK [2002] 2 FCR 577 および I v. UK [2002] 2 FCR 613]）である。英国の GID 当事者に法的な性の変更を認めないことは欧州人権条約12条（婚姻と家族をもつ権利）違反であると判示されたため，英国政府は人権条約に沿うように早期立法を求められることになった。その結果，2004年7月1日に Gender Recognition Act 2004（以下，「性別承認法」とする）が成立し，翌年の1月5日から施行されている。

❸ 特例法の立法と法改正

　日本法の下で法的な性の変更とは戸籍上の性別（続柄）表記の訂正を意味し，かつて GID 当事者の続柄の変更ならびに名の変更は戸籍法のそれぞれ113条と107条の2にもとづく家庭裁判所の（審判による）許可を得る必要があった。90年代半ば以降，名の変更は概ね認められるようになった一方で，続柄の変更については，1979年に GID と半陰陽を理由に「二男→長女」の訂正を求めた事例（名古屋高裁・1979（昭和54）年11月8日・決定 [家庭裁判月報33巻9号61頁]）から，2001年5月に医学的ガイドラインにのっとった性別適合手術を受けた4人を含む GID 当事者6人が一斉提訴した事例（虎井 2003）まで，数々の申立てにおいて一切認められなかった。裁判所が示した理由には，①性の決定は最終的に性染色体によること，②社会的なコンセンサス（合意）が不十分であること，③戸籍制度の機能面で問題が生じうること，④戸籍訂正の手続きは立法に委ねるしかないこと等が挙げられていた（東海林 2000）。

　特例法の立法以前に法的な性の変更が認められなかったことについては，日本固有である戸籍の制度上の問題が関係していると思われる。戸籍は個人の身

29

第Ⅰ部　人間身体と法

元や身分関係について家族単位で同一戸籍に登録する点で，他国の個人単位の身分証明（例：出生証明書）と大きく異なる。特に性別表記が父母との関係で「長男」「二女」のように続柄でなされることから，ひとりの続柄変更により同戸籍内の他の親族にも影響を及ぼしうることが懸念されたと考えられる（Tamaki 2004）。

　その後「立法による解決」として2003年7月16日に特例法が成立し，1年後の同日から施行されている。同法は与党プロジェクトチームによる議員立法であり，国会での質疑応答がないまま参議院および衆議院でそれぞれ全会一致の可決という，法案作成から1か月で成立した異例のスピード立法であった（南野監修 2004）。立法時当初からさまざまな議論があった性別変更申請の要件（後述）について，附則2条で法施行後3年を目途に本法を見直す規定が置かれており，実際に2008年6月に法改正がなされた。その結果，後述するように特例法3条3号の要件が「現に子がいないこと」から「現に未成年の子がいないこと」に変更された（南野代表編者 2013）。

4　特例法適用の要件

■ 特例法の対象となる GID 当事者

　特例法は，①2条に掲げる「性同一性障害者」の定義に該当し，②3条に定める要件をすべて満たす者に対し，家庭裁判所へ性別の取扱いを変更する審判申立てを認め，審判の結果によりその者の性別が変更されたものとみなす（4条）と規定する。換言すれば，特例法が適用されるのは①と②に合致する GID 当事者のみと限定的であり，医学的なガイドラインに沿って治療を受けた当事者であっても同法の対象とならないことがあることになる。

　上記①について，法律上の GID 当事者とは，「生物学的には性別が明らかであるにもかかわらず，心理的にはそれとは別の性別であるとの持続的な確信を持ち，かつ，自己を身体的及び社会的に他の性別に適合させようとする意思を有する者」で，GID の診断を的確に行うことができる知識および経験を有する2人以上の医師による診断が一致した場合をいう。

　法的な性の変更を認める要件は，①20歳以上であること，②現に婚姻をして

Chapter② 性同一性障がい

いないこと，③現に未成年の子がいないこと，④生殖腺がないことまたは生殖
腺の機能を永続的に欠く状態にあること，⑤その身体について他の性別に係る
身体の性器に係る部分に近似する外観を備えていること，の５つである（特例
法３条１～５号）。①の「年齢要件」については，現行民法上の成年年齢を採用
していること，かかる性（別）の変更は人格だけでなく不可逆的な身体の変更
をともなうことから，本人のみが同意できる重大な事項であること等の理由で
設定された（南野監修 2004）。他国においては日本同様に成年年齢を設定して
いる英国の事例（18歳以上），立法当初は25歳以上とした規定を1982年３月16日
に違憲判断がなされて削除したドイツの事例，成年および18歳未満の未成年に
対する個別の規定で両方認めているニュージーランドの事例などがある（南野
代表編者 2013；大島 2002）。

　以下に②の「非婚要件」，③の「子なし要件」，④および⑤の「要外科手術要
件」について他国の関連事例を参照しながらそれぞれみていく。

❷ 「非婚要件」と異性愛規範性

　現行法は同性間の婚姻を認めておらず，一組の「女性＝妻」と「男性＝夫」
の異性婚を前提とする。したがって，出生時の「身体の性」にもとづく性別で
異性と婚姻している GID 当事者に「心の性」にもとづく変更を認めれば（た
とえば妻のいる MTF 当事者が女性へと変更した場合に女性同士の）同性婚となるた
め，「非婚要件」が設けられた。これは後述する特例法の効果に関連し，性
（別）の変更が認められた後は変更後の性別で扱われるため，異性婚カップル
の当事者は結果的に「妻→夫／夫→妻」となる申立てができないということで
ある。

　他方で婚姻の届出をしていない事実婚カップルであれば，特例法の申立てや
適用を受けた後もそれまでの事実婚関係を継続することが理論的に可能である。
また，性的指向が同性愛の GID 当事者は本人にとっては「同性」である異性
（たとえば男性を好きな FTM 当事者の場合に男性）と婚姻ができるが，法的な性の
変更を申立てる場合には離婚しなければならない。

　これに対しドイツでは上記の「年齢要件」同様に，2008年５月27日の連邦憲
法裁判所で離婚した当事者のみに性の変更を認めることは違憲と判断されたこ

第Ⅰ部　人間身体と法

とで，「非婚要件」規定は削除されている。

　さらにその他の国で，近時の同性間パートナーシップ法や同性婚法の成立を受けて，個人の性の変更とパートナーシップ／婚姻関係とを切り離した法改正の動きがみられる。日本同様に「非婚要件」を設けていた英国は2004年シビルパートナーシップ法を成立させて，異性婚カップルの当事者が関係継続を望む場合に同性パートナーシップに移行させる手段を講じたが，2013年7月の同性婚法制定（翌年3月29日施行）にともない法改正がなされた。それにより2014年12月10日以降，異性婚カップルあるいは同性パートナーシップのGID当事者はそれぞれの関係を維持しながら性の変更申請をし，前者については同性間の婚姻あるいは同性パートナーシップに，後者については異性間の婚姻にそれぞれ転換することが可能となった。

　日本の現行家族法も社会保障制度も，「配偶者」や「家族」の解釈にみられるように，性愛の対象や親密で安定的なパートナーを異性に限定しており，当然に異性愛が基準とされる（いわゆる異性愛規範性hetero-normativitiy）ことが支配的な考え方・制度になっている。したがって，異性愛者以外の性的指向と性自認に関する「性的少数者」（近年は「LGBT」「SOGI」等の用語で知られる）が法制度上は十分に可視化されていない。実際の社会には多様な人々が含まれており，2015年に東京都渋谷区が全国初の「パートナーシップ証明書」を発行したのを皮切りに，同性パートナーシップを自治体レベルで公認する制度が全国複数の自治体で広がるなど，徐々に「性的少数者」に光を当てる動きがみられる。

　「非婚要件」の見直し以前に，まず異性愛中心の思考から脱し，同性愛やその他さまざまなセクシュアリティを認めて，どのような個人に対しても憲法が保障する人権が等しく尊重されることへの理解の徹底が必要である。

3 「子なし要件」と家族の秩序

　「立法による解決」をした国のなかでも類を見ないとされる「子なし要件」については，すでに法案の段階で反対意見・異論が多く，当事者をはじめとして野党議員からも全撤廃が望まれてきた。この要件を設けた理由について，子がいる当事者に性の変更を認めると，「父＝男性，母＝女性」の図式が崩れて家族秩序に混乱を生じさせ，子に心理的な不安やいじめ・差別の被害などが生

Chapter2 性同一性障がい

じるおそれがあり，子の福祉に影響を及ぼしかねないため，と政府は説明する（南野監修 2004）。

「身体」と「心」の不一致がある状態について，それを示す用語や当事者の実態が表面化するのは90年代以降であり，それ以前に成人した GID 当事者で「人並みに家庭をもった」人は潜在すると思われる。このような当事者が，たとえその後に子や配偶者と離別して没交渉となっても，戸籍の上では「現に子がいる」限り，特例法の適用外とされる。現に子がいる GID 当事者と現に子がいない GID 当事者とを区別することは憲法13条および14条に違反するとして，「子なし要件」の違憲性について提訴されたが，最高裁は政府の立法理由を踏襲し，その区別は「合理性を欠くものとはいえない」から立法府の裁量権を逸脱するものではないと，「子なし要件」を合憲と判断した（最高裁・2007（平成19）年10月19日・決定および最高裁・2007（平成19）年10月22日・決定〔家庭裁判月報60巻 3 号36頁〕）。

「子なし要件」が家族秩序という観点から正当化されるのは，「父＝男性，母＝女性」という親の性別属性は変更不可であり，親自身の意思よりも（現行は未成年の）子の都合等を尊重しなければならないことを前提とするからである。他方で「息子＝男性，娘＝女性」という子の性別属性は変更可であり，GID 当事者の親は子の意思を尊重して「息子＝女性，娘＝男性」を受け入れることを「制度的には」期待されているということになる。

英国法の場合は，親の性（別）が変わっても「子の父親または母親としてなんらその身分に影響を及ぼさない」（性別承認法12条）として，母であろうと父であろうと親は親として，性別属性とは切り離している。GID は個人の問題であり，親が変更する場合も子が変更する場合も，その個人の意思を尊重して新しい性（別）で一貫した対応をするという法律の目的と効果から，家族秩序や親子関係の混乱を想定していない。立法以前にも GID 当事者と子の親子関係について，1997年の欧州人権裁判所判決で，女性から男性となった GID 当事者 X は（法的に女性であることを理由に）パートナー Y が産んだ子 Z の法的な父親となることを認められなかったものの，Z と実質的な親子関係にあることは認められた事例がある（欧州人権裁判所・1997年 4 月22日・判決〔X, Y and Z v. UK（ECHR）［1997］2 FLR 892〕）。男親か女親かということと親であることとは分け

33

第Ⅰ部　人間身体と法

て考えられ，法的な父でなくとも「父親」としてその役割を果たしていること
が評価された結果である。

　法改正後も「子なし要件」が存続することについて，たとえば「司法による
解決」をした韓国において2011年9月2日の大法院決定で未成年の子がいる当
事者に性別訂正を認めなかった事例から（岡 2014），家族のあり方や文化など
の社会を規定する諸要因には日本や韓国というアジア圏の国と欧米諸国とのあ
いだで大きな違いがあるとして，これを正当化する考え方がある。しかしなが
ら，GID 当事者の性の変更を人権問題と捉えた場合に，グローバル化する社
会における人権保障や家族法の国際化の観点から，どこまで「一国の事情」と
して線引きができるであろうか。

❹「要外科手術の要件」と体の証明

　上述のようにガイドラインで定める GID の治療には複数の段階があり，現
在は当事者の個別事情や希望に応じた治療を選択することができ，必ずしも最
終段階の性別適合手術まで行くとは限らない。しかし特例法では，複雑かつ多
様な当事者の実態を酌むことなく，法的な性の変更を望む場合には一律に必ず
手術を受けていることを要求される。

　特例法で「身体の性＝心の性」にこだわる背景には，日本の慣習や生活様式
等の社会的要因が関係していると考えられる。たとえば，公衆浴場や温泉施設
など男女別で人前で全裸になることが想定され広く普及している場所があり，
類似の温浴施設を水着着用で利用する欧米の国とは異なる。したがって，一見
して「男性／女性」ではない身体であれば，同性として認められず「混乱をき
たす」ということであろう。しかし，現実の日常生活において人前で全裸にな
る機会はほとんどなく，公衆トイレでは個室や多目的トイレを利用するなど，
社会の対応が整えば当事者のコントロールに委ねることが可能となる。

　また，生殖機能を「永続的に」失わせることについても，元の性別で生殖活
動が行われたりホルモンが分泌されたりすることは「妥当ではない」とされ，
これによる「混乱をきたす」懸念から規定が設けられた（南野代表編者 2013）。
このパターナリスティックな身体への干渉は事実上「不妊を強制」しており，
国際社会で浸透しつつあるリプロダクティブ・ライツ（性と生殖に関する権利）

Chapter② 性同一性障がい

に反しかねないものという批判がある（石田編 2008など）。リプロダクティブ・ライツに照らし，近年急増する不妊治療を受けることも受けないことも自己決定権であるとされることから，不妊となる加療を受けないことも自己決定権に含まれると思われる。

1990年前後の欧州人権裁判所の裁判では，手術で身体を「心の性」に近づけるという行為を当事者の信念の強さや真剣さを量る試金石とする解釈がみられたが，英国法は2003年の立法準備の段階から一貫して手術要件を求めておらず，その理由について「医学的な所見から，外科手術を受けられないもしくは受けるべきでないと診断できる当事者の場合があり，『その性で一生生きていくという意思』を確認できる他の証明があれば，そうした当事者を排除することは正当ではないと思われる」としている（田巻 2007）。またドイツ法は，2011年1月11日に連邦憲法裁判所において，性別適合手術および生殖不能の要件は性的自己決定権や身体を害されない権利の放棄につながるとして違憲判断がなされ，同規定を削除している。さらに直近の例ではスウェーデンとデンマークで「要外科手術の要件」を違憲として撤廃する法改正がなされ，それぞれ2013年7月1日と2014年9月1日から施行されている。

5 特例法適用の効果

■ 性別の取扱いの変更≠性の変更？

性別の取扱いの変更の審判による効果として，特例法4条1項でその者は「他の性に変わったものとみなす」と定めている（附則3に年金給付の特例に関してのみ昭和26年4月以前に生まれた人を変更前の性で扱う例外規定あり）。

また，4条2項で「法律に別段の定めがある場合を除き，性別の取扱いの変更の審判前に生じた身分関係及び権利義務に影響を及ぼすものではない」としており，変更前も後も親子関係などが変わることはない。ただし変更後は，従前の戸籍から当事者は除籍され，当事者のみの新戸籍が作成され，親との続柄欄は長男であったなら「長女」，二女であったなら「二男」という具合に記載される。新戸籍作成という対応により従前戸籍の他の家族構成員に影響はないが（戸籍謄本をみれば除籍者ありで，変更異動の事実が目にみえる形で残る），たとえ

35

第Ⅰ部　人間身体と法

ば長男が「長女」になった事例で従前戸籍にすでに長女として妹がいる場合，新旧の戸籍を並べると同じ親に「長女が2人いる」ことになる。

2 性別変更の効果の徹底

　英国法でも性の変更が認められると，その後は一貫してすべての目的において変更後の性で扱われる（性別承認法9条1項）。ただし例外として，性差が大きく影響するスポーツにおいて，変更後の性で参加する者の禁止・制限を認めている（同法19条）。

　日本法でも英国法でも性の変更後に新しく認められた性別で婚姻できるが，その後に生殖補助医療を利用して子をもうけることについて対照的な事例がみられた。すなわち，特例法による性別変更後に夫となったGID（FTM）当事者とその妻が，非配偶者間人工授精で出生した子を嫡出子として届出をしたところ，民法772条の嫡出推定は及ばないなどとして受理されなかった事例である。特例法に従えば，女性→男性となったGID当事者は男性に「変わったものとみな」され，女性と婚姻して夫となり，子をもうければ（子の母の夫であるから）その子の父となる。しかしながら本件においては，2013年12月15日に最高裁判所で逆転した決定が出されるまで，彼は男性に「変わったものとみな」されなかった。英国法では一貫して新しい性で扱われることが徹底されるため，このような事件は生じえない（山下・田巻 2013）。

6 おわりに

　残された課題として，特例法の要件をさらに見直す再改正の可能性が挙げられる。立法当初および2008年改正時においても「子なし要件」の全撤廃を望む声がある。また上述のように，GID治療のガイドラインで懸念されている外科手術が及ぼす身体への負担を軽視せず，自分の身体や健康について自己決定することを重視し，「要外科手術の要件」についてもさらなる議論がなされることが必要である。

　さらに「年齢要件」についても，18歳への成年年齢引き下げが実現すれば自動的に改正されるであろうが，GID治療のガイドラインで治療開始年齢が

Chapter② 性同一性障がい

徐々に引き下げられていることにかんがみて，若年GID当事者にはどのような法的対応が可能かを議論し検討することが重要である。

　GID当事者に対する心身の治療や特例法が実現した背景には，当事者ならびに各種専門家・関係者によるさまざまな活動によりGID概念とその当事者の存在が徐々に社会に浸透したことと，先行する他国の立法や司法判断の影響などがある。しかし一般的にはGIDに関する知識や理解は十分ではなく，性自認と性的指向が混同されたり，GIDは生来のものではなく個人のライフスタイルの選択と誤認されたりしている。またGID当事者といっても，その状態，治療の選択，生き方などに多様性があり，個別の事情があることが理解されないままに，特例法の要件にみるように「GIDとはこういうもの」というステレオタイプで捉えられがちである。2015年には経済産業省勤務のGID当事者女性が，戸籍上の性別を変更していないことを理由に女性トイレの通常使用を認めないとした同省の対応を不当であるとして，処遇改善と損害賠償を求めて訴訟を起こしている。GID概念やその当事者に対する無理解で当事者への不当な差別が助長されたり，当事者自身も情報不足や相談相手・理解者の不在などで精神的に追い込まれたりと，深刻な場合には自殺に至るようなメンタルヘルスの問題が指摘されている（三輪 2012）。

　以上のことから，GID事項全般に関する正しい知識を提供し人々の認識を高めるため，積極的かつ具体的な活動が急務である。GIDおよびその当事者についてどのような実態があるか，当事者本人だけではなくその家族を含めて何が問題となっているかなどについて，まず社会で広く認知されることにより，GID当事者が当事者ではない人と同様につねに「心の性」で生きられる社会へと近づくことができると思われる。

📖 文献案内

上川あや，2007，『変えてゆく勇気──「性同一性障害」の私から』岩波書店．
　「性同一性障害」の当事者として世田谷区議となった著者による，「寛容な社会」を呼びかける啓蒙書．

【田巻帝子】

性 刑 法

誰をどのように守るものであるべきか？

1 はじめに

　日本の刑法は，2017年に改正されるまで「強かん罪」の規定を次のように定めていた。「第177条　暴行又は脅迫を用いて十三歳以上の女子を姦淫した者は，強姦の罪とし，三年以上の有期懲役に処する。十三歳未満の女子を姦淫した者も，同様とする」。ここで「姦淫」とは女性器への男性器の挿入を指すというのが通説的な理解である。それでは，男性が暴行または脅迫を用いて，女性器に男性器以外の異物を挿入した場合はどのように処罰されるのであろうか。同様に，男性同性愛者が男性に対して暴行または脅迫を用いて肛門性交や口腔性交を強いた場合にはどのように処罰されるのであろうか。

　改正前の刑法では，どちらの場合も「強かん罪」ではなく「強制わいせつ罪」が適用された。しかし，「強制わいせつ罪」は「第176条　十三歳以上の男女に対し，暴行又は脅迫を用いてわいせつな行為をした者は，六月以上十年以下の懲役に処する。十三歳未満の男女に対し，わいせつな行為をした者も，同様とする」と規定されるとおり，強かん罪よりも法定刑は軽い。加害者の犯意，被害者の肉体的被害・精神的苦痛，客観的な行為態様，そのいずれもが「強かん」とほぼ同様でありながら——唯一の明らかな相違は，被害者が妊娠可能な女性の場合，強かんが妊娠という結果をもたらすことがありうるという点であろう——，異なる罪名が適用され，軽い刑罰が科されてきたのはなぜだろうか。

Chapter ③ 性 刑 法

2 強かん罪とその背景

強制わいせつ罪（176条）と強かん罪（177条）との関係は，一般法と特別法の関係にあるといわれる。つまり，「姦淫」は「わいせつな行為」の一類型であるが，刑法は後者よりも前者を特に重く罰する趣旨で，別に条文を定めたと考えられている。しかし，なぜ「姦淫」は他のわいせつな行為よりも重い罪とされたのであろうか。

■ 血統の紊乱

旧刑法（明治13年太政官布告第36号）から現刑法に至る強かん罪および強制わいせつ罪の変遷過程を分析した成瀬は，強かん罪の加重根拠として「血統の紊乱」が暗黙のうちに想定されていたのではないかと推測している（成瀬 2006：264）。また，日本が明治維新後の近代法整備に際して参考にしたフランス刑法では1832年の改正で強かん罪が導入されたが，その目的もやはり「妻が夫以外の子を出産して嫡出の親子関係が崩れるのを防止すること」（上村 1988：147）であったとされる。

強かん罪の制定目的が血統の紊乱や嫡出関係の崩壊を防ぐことにあったとする根拠として，さらに次の２点を付け加えることができる。その１つは旧刑法の姦通罪である。旧刑法は353条で「有夫ノ婦姦通シタル者ハ六月以上二年以下ノ重禁錮ニ処ス其相姦スル者亦同ジ」と規定し，妻は夫以外の者と性交することで処罰された。これは，妻が同意のうえで夫以外の者と性交することを処罰する趣旨であるから，その処罰根拠は血統や嫡出関係を乱す危険性にあったと考えられる。つまり，旧刑法では血統や嫡出関係が重要な保護法益であり，このことは強かん罪にも当てはまる。もちろん，妻に対する夫の支配権，あるいは未婚女性に対する家長の支配権を守ることがその制定目的であったということも可能だが，それならば，強制わいせつ罪のみでも足りるのであり，「姦淫」のみに限定して処罰する強かん罪の直接の制定根拠とはなりえない。

もう１つの根拠として挙げられるのが，夫婦間強かんの不成立である。欧米諸国では強かん罪の規定やその解釈において，被害者となりうるのは妻以外の

39

第Ⅰ部　人間身体と法

女性とされ，夫婦間の強かんは認められなかった。日本の刑法は，被害者を「女子」とのみ規定し，そうした限定を明文上は行ってこなかったが，やはり夫婦間には強かん罪が成立しないとするのが通説である（ただし，実質的に夫婦関係が破綻している場合に強かん罪の成立を認めた判例として，広島高裁松江支部・1987（昭和62）年6月18日・判決〔高等裁判所刑事判例集40巻1号71-76頁〕がある）。これは，婚姻によって妻には性交応諾義務が生ずるという理由にもとづくものであるが，その根底には，夫婦間での妊娠・出産は血統や嫡出関係を乱さないという前提が存在している。

❷ 強かん罪を問い直す

　血統や嫡出関係がこれほど重視されてきたのはなぜだろうか。それは，父系血統主義を基盤とする家父長制度が社会体制を支配しており，維持されるべきシステムであると考えられてきたからである。現刑法下においても，強かん罪が個人的法益ではなく，社会的法益を侵害する犯罪として第22章に置かれているのはそのためである（ただし，旧刑法は強かん罪を個人的法益に対する罪として規定していた。これについては，成瀬 2006：253-257を参照）。

　血統や嫡出関係への執着は，日本においてとりわけ根深い。2013年の最高裁判決まで，非嫡出子の相続分を嫡出子の相続分の2分の1とする民法900条4号但書の規定が維持されていたことは記憶に新しい。また，国籍法は1984年の改正まで父系血統主義を採用しており，父が日本国籍の場合のみ子は日本国籍を取得することができると規定していた。そしていうまでもなく，皇室典範は今日なお男系男子主義をとり続けている。

　しかし当然ながら，血統の維持という強かん罪の制定根拠は厳しい批判にさらされることとなる。強かん罪は女性のみを被害者としていることから，一見すると女性を保護するための規定とも考えられるが，実際には，女性差別あるいは女性への抑圧や支配を前提とする前近代的な家父長制度の延長線上に設けられた犯罪類型だったのである。欧米諸国では1960年代以降のフェミニズム運動により，こうした背景をもつ強かん罪の規定が激しく批判され，1970年代からの法改革に結実している。一方，日本では父系血統主義とそれを支える家父長制度への根強い批判はあるものの，血統や嫡出関係を重視する思想が深く浸

透しており，法改正に向けた世論の高まりも十分とはいえない状況であった。

その後，2014年に法務大臣が設置した有識者会議「性犯罪の罰則に関する検討会」において，ようやく性犯罪についての抜本的な見直しが議論され，2016年の法制審議会（性犯罪部会）答申を経て，2017年の刑法改正が実現されることとなる。これにより177条は「十三歳以上の者に対し，暴行又は脅迫を用いて性交，肛門性交又は口腔性交（以下「性交等」という。）をした者は，強制性交等の罪とし，五年以上の有期懲役に処する。十三歳未満の者に対し，性交等をした者も，同様とする」と改められ，ジェンダー／セクシュアリティ中立的な兆候が現れつつある。しかし以下で述べるとおり，新たな規定もいまだ不十分であり，裁判官による法解釈や法適用の場面では，従来のように無意識的に性差別あるいは被害者への抑圧が引き起こされる危険性も高い。それゆえ，性犯罪規定の制定目的や保護法益の次元からのさらなる根源的な問いなおしが今後も継続して行われなければならない。

3 女性の性的自由

■ 性的自由と「被害者の不同意」

強かん罪は社会的法益を侵害する罪として刑法上は位置づけられてきたが，刑法学者の多くはこれを女性の性的自由ないしは性的自己決定を侵害する罪として捉えていた。性的自己決定権について平川は次のように論ずる。

> 個人には，誰と，いつ，どこで，いかなる性的行為をするかをみずから決定する自由がある。それは，憲法13条の保障する自由に当然含まれるものと解されよう。
> このような性的自由の不当な侵害は，被害者に大きな精神的打撃を与えることが少なくない。それゆえ，その侵害が著しい行為は，刑法による規制が考慮される必要がある。（平川 1995：193）

旧刑法の時代より，強かん罪が個人的法益に対する罪であるとの理解が一般的であったとしても，血統や嫡出関係という前近代的な価値を強かん罪の保護法益とした立法意図を明確に否定し，女性の性的自由や性的自己決定を同罪の保護法益として位置づけることには一定の意義がある。しかし，こうした保護法益の転換は，本章冒頭で例示した姦淫以外の性的挿入行為と姦淫との相違を

第Ⅰ部　人間身体と法

あらためて問題化することになる。また，日本で女性の性的自由や性的自己決定が保護法益として通説的な理解となるに至ったのは，1960年代以降における欧米諸国での法改革が影響しているとの見方もある（木村 2003：8-9）。しかし，各国の性刑法改革で性的自己決定が強調されたのは，それまで処罰対象とされてきた近親姦や同性愛等を非犯罪化するためであったとされる。この点，日本では旧刑法以来，これらの性的行為を不処罰としており，欧米諸国とは保護法益をめぐる議論の文脈が異なっていたのも事実である。

　その一方で，性的自由が保護法益として強調されたことによる裁判実務への影響は決して小さくなかったと考えられる。なぜなら，被害女性の性的自由や性的自己決定が侵害されたか否かが，強かん罪の成否を左右する重要な基準であるとの認識が広く共有されることとなったからである。これにより，犯罪の構成要件として，条文上では規定されていない「被害者の不同意」が実質的な犯罪成立の要件として理論的に位置づけられるとともに，強かん事件の中心的な争点としてクローズアップされることとなったのである。

　一般に，個人的法益を侵害する犯罪に関しては，被害者の同意によって違法性が阻却ないしは軽減されると考えられるが，通説に従えば，これは強かん罪にも当てはまる。つまり，強かん罪の成立には「被害者の不同意」が大前提となる。しかし同罪については，とりわけ訴訟の場面で被害者の同意をめぐって深刻な問題が引き起こされてきた。その1つは「強かん神話」に関わる問題であり，もう1つは被害者の二次被害（セカンド・レイプ）に関わる問題である。

② 強かん神話

　被害者の同意の有無はその主観にのみもとづくものであり，法的には不安定な要件である。これを客観的な証拠によって直接的に示すことは困難であり，訴訟では間接的な証拠の積み重ねによって同意の有無を推定することになる。ただし，この推定については推定無罪（「疑わしきは被告人の利益に」）の原則に従って，被告人に有利な解釈がはかられることになる。

　この推定に際し，被害者が傷害を負ったか否かは重要な証拠とされる。なぜなら，多くの裁判官が想定する合理的な被害者は，強かん被害に直面したとき，あらゆる手段で抵抗を試み，助けを求め，逃走を企てると考えられ，それでも

42

Chapter③ 性刑法

なお姦淫行為に及ぼうとする加害者の強力な暴行（判例・通説がいう「相手方の抵抗を著しく困難にする程度の暴行」）を受けるはずであり，そうでなければ強かんには至らないと判断されるからである。反対に，訴訟で不同意を主張していながら，被害者が相当程度の負傷に至らず，その抵抗が不十分であったとみなされる場合には，当該被害者は「No」といいながらも「Yes」を含意していたと判断される。これら裁判官による一連の想定（思い込み）が「強かん神話」と呼ばれるものである。

　しかし，現実の強かん被害の場面では，性的自己決定を行うどころか，被害者としての合理的な行動を準備する時間的・精神的余裕も存在しない。統計上も，実際に強かん被害に直面しながら「何もできなかった」とする被害者の割合は，相手に攻撃や抵抗を試みることができた被害者の割合とほぼ同じであり（内山 2000：93），こうした裁判官の想定がまさに「神話」であることを裏づけている。

❸ セカンド・レイプ

　もう１つの問題は，不同意を主張する被害者に対して，被告人やその弁護人が被害者の同意（あるいは，被告人が被害者の同意を得たと誤信したこと）を証明するために，被害前後の被害者の言動やこれまでの性経験，あるいは従事する職種等から被害者の性道徳観念の低さを指摘し，これを被告人が主張する同意の間接証拠として提示するという訴訟上の手法である。たとえば，強かん致傷無罪事件（東京地裁・1994（平成6）年12月16日・判決〔判例時報1562号141-154頁〕）の判決には，次のような記述がみられる（なお，A子は被害者であり，「甲野」と「乙山」はそれぞれ飲食店名である）。

　　しかしながら，A子証言によっても，「甲野」で声を掛けられた初対面の被告人らと「乙山」で夜中の三時過ぎまで飲み，その際にはゲームをしてセックスの話をしたり，A子自身は野球拳で負けてパンストまで脱ぎ，同店を出るときには一緒にいたD子，E子と別れて被告人の車に一人で乗ったというのであるから，その後被告人から強姦されたことが真実であったとしても，A子にも大きな落ち度があったことは明らかである。（同146頁）

　さらに同判決文中には，「A子の経歴・素行等」という項目もあり，そこで

43

はファッションモデル，イベントコンパニオン，芸能プロダクションのエキストラやスタッフ等といった被害者の経歴を挙げて，「このようにＡ子は，一般人から見ればかなり派手な経歴の持ち主であるといわなければならない」（同147頁）との指摘がなされる。また，婚約者とされるＦの証言から「Ａ子はＦと二度目に会ったとき（二人だけになった最初の機会）に性交を持ったことになる」と論じたうえで，同判決文は「Ａ子については，慎重で貞操観念があるという人物像は似つかわしくない……」（同148頁）との小括を行っている。

　訴訟過程での事実認定のために，被害者は法廷での証言や調書作成時に何度も犯罪事実についての記憶を呼び起こし，その再現をするよう求められるが，これは被害の再体験にも匹敵する強度の苦痛をともなうものである。しかし，これにとどまらず，上述のように当該事件とは何ら直接の関係をもたない過去の経歴や言動を一方的に暴かれ，精神的苦痛を受けることがしばしばあり，被害者にとってはセカンド・レイプとも呼ぶべき耐え難い二次被害をもたらすのである。

　このように，訴訟までを視野に入れて検討した場合，女性の性的自由や性的自己決定を基調とする保護法益論は，女性の自由を尊重するかのような外観を見せながら，実際には矛盾を含んだ議論であるといわざるをえない。なぜならこの保護法益論は「自由を奪われた状況にある人間の自由を保護する」ものに他ならないからである。

　ここで述べたとおり，強かんという犯罪に関して女性は二重の意味で自由を奪われている。第１に，被害に直面したとき，女性は不同意の意思を表すだけでは性的自己決定をしたとは認められず，抵抗困難なほどに強力な暴行を受けるのでなければ，それを証明しえない。そして第２に，たとえ被害を訴えても，女性を規律する性道徳によって被害者自身が訴訟のなかで裁かれるという現実は，人権の砦であるはずの裁判所においてさえ女性が性的に支配されていることを示している。こうした実態が司法のみならず，社会の共通認識を形成しているとすれば，この犯罪類型において女性の性的自由を保護するという議論は容易には成り立ちえないと考えられる。

Chapter③ 性刑法

4 ジェンダー／セクシュアリティ中立性

女性の性的自由を保護法益とすることについては，2つの批判が提起されている。1つは「女性」のみを保護法益の対象としている点であり，もう1つは「性的自由」という法益概念そのものへの批判である。

■ 被害者は女性のみか？

刑法が強かん罪の被害者を女性に限定している点について，最高裁は，憲法14条の法の下の平等には反しないと判示している（最高裁・1953（昭和28）年6月24日・判決〔最高裁判所刑事判例集7巻6号1366-1371頁〕）。

> ……刑法が前記規定〔刑法177条：引用者注〕を設けたのは，男女両性の体質，構造，機能などの生理的，肉体的等の事実的差異に基き且つ実際上強姦が男性により行われることを普通とする事態に鑑み，社会的，道徳的見地から被害者たる「婦女」を特に保護せんがためであつて，これがため「婦女」に対し法律上の特権を与え又は犯罪主体を男性に限定し男性たるの故を以て刑法上男性を不利益に待遇せんとしたものでないことはいうまでもないところであり，しかも，かかる事実的差異に基く婦女のみの不均等な保護が一般社会的，道徳的観念上合理的なものであることも多言を要しないところである。（同1368頁）

最高裁が指摘するとおり，男女間に事実的差異が存在することは間違いない。しかし，血統や嫡出関係を強かん罪の保護法益とは認めない通説の立場からは，少なくとも理論上，「姦淫」のみに限定して重く処罰する従来の規定には合理性が認められない。それゆえ，この立場を徹底すれば，強かん罪は不要であり，強制わいせつ罪のみ規定されれば足りるということになる。しかしなお，姦淫行為とそれ以外のわいせつ行為とでは，そこに生ずる被害の程度が異なるなど，法益の侵害について格段の差異が認められるとするのであれば，前者の行為を特に重く罰するための特別の規定を設けることも不合理とはいえない。ただし，その場合には，被害の程度がほぼ等しいと想定される姦淫類似行為（たとえば，肛門性交や口腔性交，あるいは男性器以外の異物による性的挿入行為）についても，姦淫と同様に重く処罰する必要が生ずる。

45

第Ⅰ部　人間身体と法

　そして，こうした姦淫類似行為にまで強かんの概念を拡大するのであれば，最高裁が述べるように，強かんが男性により行われることが「普通」であったとしても，同程度の被害が想定される「普通」ではない事態が存在する以上，加害者を男性に，被害者を女性に，それぞれ法で限定することに合理性があるとはいえない。こうした主張は，個人の自由や自律を基盤として，男女の性的自由を平等に保護しようとするリベラル・フェミニズムの立場と重なるものである（森川　1998：11-12；齊藤　2006：245）。

❷「女性に対する暴力」を超えて

　しかし，ジェンダー／セクシュアリティ中立性を志向するリベラル・フェミニズムの主張に対しては，ラディカル・フェミニズムからの批判が提起されている。たとえばマッキノンは，中立性を装うリベラリズムの法理論に対し，男性による女性の支配こそが構造的かつ根源的な問題であり，この男女間の支配－従属関係をフェミニズムの議論の中心に据えなければならないと考えている（MacKinnon 1989）。同様に，金城は「……性に中立的な，『男女間の暴力』，『両性間の暴力』という言葉を使ったのでは，問題の本質を明らかにすることができない。『女性に対する暴力（violence against women）』という表現こそ，暴力の本質を的確に表現するものである」（金城　2002：157）と述べている。

　たしかに，ジェンダーやセクシュアリティの中立化をはかることで，ほとんどの強かん被害者が女性であるという現実が相対的に軽視され，この支配－従属関係が不可視化されるのであれば，それについては警戒が必要である。しかし他方で，強かん罪が血統や嫡出関係を維持するための規定として生み出され，今日まで，性道徳観念をつうじて女性のセクシュアリティを司法的に管理するための一手法であり続けてきたことも事実である。さらにいえば，女性のみを被害者とする強かん罪の規定が実は，女性が男性による性行為の客体にすぎないとの潜在的な意識を示しているとも捉えうるのである（森川　2013：96）。

　ラディカル・フェミニズムの指摘をふまえつつ，森川は「……性暴力の行為は人と人の『等しさ』に対する罪であるという意味で『人』に対する罪として類型化されるのであり，性的な主客の非対称化は暴力的であると同時に差別的である」（森川　2013：101）と論ずる。逃れ難い「支配－従属」という形で男女

Chapter③ 性 刑 法

間の関係性を定式化することには，きわめて現実的で説得力を有する側面もあるが，他方で，一対の性行為がもたらしうる別の可能性，すなわち，個人相互の尊重や「『等しさ』をつくる相互行為」（同104頁）としての性質を排除してしまう危険性も存在するのである。それゆえ森川が述べるように，強かん罪は人と人との「等しさ」を破壊する行為として捉えられるべきであり，その被害者は女性のみに限定されえないのである。

さらに，マッキノンらの主張は「女性」という抑圧された性的アイデンティティを議論の出発点として固定的に捉えすぎているとの批判もなされている（Munro 2007：89-96）。これに対し，ジェンダーやセクシュアリティは社会的に構築されたものであると考えるバトラーは，ポストモダン・フェミニズムの立場から異性愛規範や性別二元論への根源的な批判を試みている（バトラー 1999）。こうした立場は，ジェンダー／セクシュアリティのあり方に多様性や複数性を認めるものであり，強かん罪の被害者を「女性」に限定せず，また，強かん概念を姦淫類似行為にまで拡大するものと考えられる。

5 性暴力という再構成

刑事法研究者のなかには，強かん罪を性的自由に対する罪として位置づける従来の立場を離れ，性暴力犯罪として再構成しようとする動きもみられる。

■ 解釈による再構成

木村は改正前の177条を維持したうえで，強かん罪を「被害実感に近い暴行，傷害罪に類似した犯罪類型として構成し直すべきである」（木村 2003：15）と主張する。米国ミシガン州やカナダの刑法典を引きながら，木村は加害者の客観的行為（暴行・脅迫を用いた姦淫）のみによって構成要件該当性を判断し，「被害者の同意」はその阻却事由として扱うべきとする。さらに暴行・脅迫についても「相手方の抵抗を著しく困難にする程度」である必要はなく，その基準を緩和すべきとの解釈論を展開している。

これに対して齊藤は，木村の議論を重視しつつ，強かん被害の中心が「人間的尊厳を踏みにじられたことへの屈辱と怒り」であり「被害者に生じる心の傷，

第Ⅰ部　人間身体と法

痛み」であるとして，傷害罪との類似性を否定する（齊藤 2006：235）。齊藤の議論は，性そのもの，より具体的には性暴力からの自由としての性的安全を強かん罪の保護法益とするものである。この性的安全は消極的意味の性的自由として位置づけられ，「誰と，いつ，どこで，いかなる性的行為をするかをみずから決定する」性的自己決定（積極的意味の性的自由）とは対置される。これは，従来曖昧なままに論じられてきた「性的自由」を精緻化する試みといえるだろう。しかし性的自由という議論の枠内にとどまる以上，被害者の同意／不同意をめぐる問題は残されたままとなる。性的安全が害されたと訴えても，加害者側が「被害者の同意」を証明できれば，強かん罪は成立しないのである。

❷ 法改正による再構成

　こうした解釈論の限界をふまえ，改正論へと歩を進める森川は，強かん罪における「暴力」の概念を３つに類型化（図３-１）して，問題の分析を試みる（森川 2013：54-61）。それによれば，強かん罪の暴力性として最初に考えられるのは，強要手段としての暴行・脅迫にみられる「手段の暴力性」である。しかしこの理解は，被害者が抵抗することを前提として加害者の暴行・脅迫の暴力性を示そうとする通説・判例の欠点を引き継ぐものであり，抵抗をなしえなかった被害者の救済を困難にする。そこから，強かんの実質は相手方の意に反する不同意の性器挿入にあるとして「不同意の暴力性」が主張されることになる。しかし言うまでもなく，この立場は被害者の同意／不同意という訴訟上の困難な問題を抱えている。

　これに対して森川は，暴行・脅迫と不同意の性器挿入とを２つの要素に分けるのではなく，これらを一体の行為と捉えたうえで，被害者の身体に対する暴力的で性的な行為をもって性暴力とする「性行為の暴力性」という新たな概念を提示する。これは，被害者の意思を抑圧し，従属を強いて性器を挿入するという，強かん行為の一連の過程における暴行・脅迫の現実的な影響力に着目したものである。この立場によれば，強かん罪における暴行・脅迫は，相手方の身体を拘束し，その意思を抑圧して従属させる程度の強制力で足りると考えられる。そして，この強制力の行使が確認されれば，被告人が被害者の同意／不同意について争う余地はなくなるのである。

48

図 3-1 性行為の暴力性

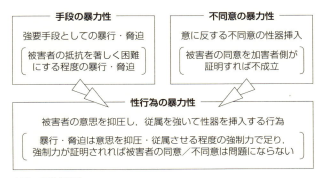

出所：森川(2013)。

そのうえで森川は，刑法177条1項について「暴行または脅迫を用いて，人の身体に対して性的な行為を加え，または人に性的な行為をさせた者は，2年以上の有期懲役に処する」(同105頁)との改正案を提示する。これは，ジェンダー／セクシュアリティ中立性にもとづいて，性器挿入を特別視しない「性暴力」として強かん罪を改正する法改革の試みである。

6　おわりに

1970年代以降，フェミニズムの影響を受けて各国で進められた性刑法改革では，強かん罪をジェンダー／セクシュアリティ中立的な性暴力として規定するものが少なくない。その代表は，米国ミシガン州の性犯罪法（1974年制定）であろう。同州の刑法典520条a（r）では，性的挿入を「性交，クンニリングス，フェラチオ，肛門性交その他，その深浅を問わず，身体の一部または物を他人の膣や肛門に押し入れることであり，射精は必要とされない」と定義している。したがって，この規定によれば，本章冒頭の2つの事例は性的挿入行為として認定されることになろう。また同州の規定では，たとえば第1級性犯罪とされる性的挿入は，被害者が13歳未満の場合，被害者が13歳以上16歳未満で加害者が家族，親族，教師，あるいは雇用主のように被害者に対して権威をもつ者等である場合，被害者の年齢を問わず武器を使用した（あるいは，使用すると誤信

第Ⅰ部　人間身体と法

させた）場合，被害者を負傷させて強制や抑圧が行われた場合などとされ，具体的かつ客観的な要件を列挙して性行為の暴力性を明確化している。これにより，被告人が被害者の同意や自己の誤信を主張し，被害者が不同意の暴力性を主張するという従来の対立図式を回避することができると考えられている。

　これに加えて，被害者のセカンド・レイプ被害を防ぐために，ミシガン州を含む各国の性犯罪法ではレイプ・シールド条項が規定されている。この条項は，被害者の同意を間接的に立証するために，被告人側が被害者の過去の性的関係や言動を証拠として公判廷に提出することを禁止するものである。しかし当然ながら，この規定は被告人の正当な防御権を侵害しない範囲で認められるものであり，二次被害を完全に防止することはできない（伊藤 2006）。したがって，刑事法廷外における性犯罪被害者保護の充実も各国の重要課題となっている。

　これまでの検討から，日本は「性刑法のガラパゴス化」（雪田・斉藤 2014：268）と形容される現状を打破し，性暴力犯罪に関わる法改革を早急に推し進めなければならないことは明らかであろう。2017年6月に成立した改正刑法では，性交，肛門性交および口腔性交が強制性交等罪と定められ，男性もまた被害者になりうるとの規定に改められた。同時に親告罪の規定は削除され，18歳未満の者に対する監護者わいせつ罪及び監護者性交等罪も新設された。しかし，この改正でもなお冒頭の2つの事例のうちの1つが解決されたにすぎず，「被害者の不同意」や「セカンド・レイプ」といった課題も積み残されたままである。その意味で，性犯罪被害者保護の問題も含め，日本の性刑法改革はいまだ途半ばにあるといわざるをえない。今後は，新法の運用と法曹の意識改革に目を光らせつつ，性暴力の根絶に向けたさらなる法改革がめざされなければならない。

📖 文献案内

　大阪弁護士会人権擁護委員会性暴力被害検討プロジェクトチーム編，2014，『性暴力と刑事司法』信山社.
　本書は，諸外国の性刑法改革をふまえ，日本の刑事司法に変革を迫る。

【関良徳】

❖ *Column①* 妊娠・出産

　医療の進歩によって妊娠・出産を取り巻く状況はめまぐるしく変化しているが，現在のところ，妊娠・出産の主たる当事者は女性である。妊娠・出産をめぐる諸問題は，主として女性の自由や権利に関わるため，フェミニズムにおいて盛んに議論されてきた。しかし，妊娠・出産に関わる自由や権利は，女性だけではなく，さまざまなセクシュアリティの人々にも影響を及ぼすものである。

　歴史を振り返ると，妊娠・出産を含む生殖（reproduction）は，国家による介入から自由ではなかった。たとえば，中国の一人っ子政策や，第二次世界大戦中の日本における「産めよ増やせよ」といったスローガンにもとづく人口政策などが挙げられよう。また，1960年代以降の第二波フェミニズムは，人工妊娠中絶を制限・禁止する法律が，女性の自己決定権を侵害していると主張してきた。

　こうした人口政策に対する反発や女性の自己決定権に関する議論などを受けて，リプロダクティブ・ライツ（性と生殖の権利）が注目されるようになった。1994年の国連カイロ人口会議において「生殖に関する健康と権利（Reproductive Health and Rights）」が主題とされるなどして，リプロダクティブ・ライツは国際人権論のなかで明確化されている。リプロダクティブ・ライツは，妊娠・出産に限らず性と生殖に関する包括的権利を内容としており，女性だけでなく，すべての人々が有する権利である。国内法においてリプロダクティブ・ライツは，自己決定権（日本国憲法13条に根拠づけられる）に含まれる権利として理解されている。

　さて，現在の日本では，すべての人々に等しくリプロダクティブ・ライツが保障されているだろうか。近年の少子化の進展にともない，公的機関による妊娠・出産への支援が強化されてきた。そして，妊娠・出産はしばしば結婚と不可分なものとして語られている。たとえば，2015年9月に官房長官がテレビの情報番組で，当時話題となった人気男性歌手と女優の結婚について「この結婚を機に，ママさんたちが一緒に子供を産みたいとか，そういう形で国家に貢献してくれたらいいなと思っています。たくさん産んで下さい」と発言した。この発言は，「産めよ増やせよ」に当たるのではないかと批判されたが（後日官房長官は，「結婚や出産が個人の自由であることは当然」などと釈明した），さらに付け加えると「結婚の次は妊娠・出産」という考え方は，子どもをもつ意思のない人のリプロダクティブ・ライツの観点からも批判されるべきであろう。

　また，妊娠・出産と結婚を不可分なものとみなす見解の根底には，性愛と生殖を緊密に結びつける考え方が見出され，そうした考え方は，生殖に結びつかない性愛

第Ⅰ部　人間身体と法

への差別すなわち異性愛主義（heterosexism）を生み出す。なぜなら，性愛と生殖を緊密に結びつける考え方は，一方で，生殖を可能とする異性愛カップルのみを「正常」とみなし，他方で，生殖に結びつかない同性愛などを「異常」とみなす偏見を招くからである。実際に過去も現在も，同性愛は，生殖に結びつかないことを1つの根拠として，さまざまな国で禁止されてきたのである。

　さらに，異性愛以外のセクシュアリティが妊娠・出産から排除されている例として，生殖技術を用いた不妊治療の実施が，事実上，法律婚のカップルに限定されていることも挙げられよう。生殖技術は，その是非は別として，性愛と生殖の分離を可能にする技術である。レズビアン・カップルが，提供精子を用いて妊娠・出産する場合と，法律婚カップルが非配偶者間人工授精（AID）によって妊娠・出産する場合を区別する必要はあるだろうか（いずれの場合も，第三者の精子提供を受ける）。最近では，生殖技術などの「科学的進歩の恩恵を享受する権利」としてのリプロダクティブ・ライツが注目されている。こうした権利が，いかなるセクシュアリティの人々にも等しく保障されるべきという主張も可能であろう。

　ただし，生殖技術を用いて同性カップルが子どもをもつことは，生殖に結びつかない性愛を「異常」とみなす異性愛主義の規範（ノルム）を変容させるどころか，かえって異性愛主義の強化をもたらすのではないか，という指摘がクィア理論の立場からなされてきた。また，フェミニズムの立場からも，生殖技術を用いた不妊治療は，「不妊」のレッテルを貼られる女性の身体を「異常」と認識させる治療であるなど——妊娠を望まない限り，「不妊」という「病」は存在しない——女性たちを解放するものではないとの批判がある。加えて，出生前診断や着床前診断を可能にする生殖技術は，優生的選択への欲望を満たすものであるがゆえに，人々を優生思想へと傾斜させていく危険性を含んでいる。

　たしかに，生殖技術は，技術の面では性愛と生殖の分離を可能にするだろう。しかし，いかに技術が進歩しても，妊娠・出産を含む生殖が異性愛主義にもとづいて位置づけられる限り，異性愛者や同性愛者といったセクシュアリティにかかわらず，自由な自己決定によって自己の生殖をコントロールすることが困難な状況は変わらないだろう。すべての人々にリプロダクティブ・ライツが保障されるためには，生殖を可能にする技術の変容ではなく，生殖に関する規範——家族制度や婚姻制度などを含めた諸制度を通じて強化されてきた——の変容が要請される。

【小久見祥恵】

第Ⅱ部───社会関係と法

親　子

性的マイノリティは親になれるのか？

1　はじめに

　性的マイノリティが子どもを育てるということ。諸外国では当然の光景となっているところもあるなか，日本ではまだケース自体が少ない。

　日本では，「性同一性障害の性別の取扱いの特例に関する法律」（以下，特例法とする）が制定され，一定の要件のもと，性別の取り扱いの変更をした者が，その変更後の性別として，パートナーと婚姻することも可能となった。その夫婦が生殖補助医療を利用して子をもうけた場合に，親子関係が認められるか。現代の医学水準では，変更後の性別の生殖機能をもつことはできないため，少なくとも生物学的な親子関係は生じない。

　この問題について，最高裁判所は2015年，ひとつの考え方を示した。このケースは，性的マイノリティに対して差別的な取り扱いをとる社会の問題を改めて浮き彫りにしたのみでなく，この国が「法的な」父子関係をいかに捉えるのか，換言すれば，国が承認し保護すべき親子・家族とはいかなるものなのかを，社会に改めて問うものとなった。本章ではこのケースを詳しくみることで，法的な親子関係のあり方とセクシュアリティの関係を考える。

2　性同一性障がい者は父親になれない？

　前田良さん（仮名）は，特例法にもとづき，2008年に女性から男性へと性別

Chapter4 親　子

の取り扱いを変更し，同年，女性と婚姻した。前田さん夫妻は，第三者精子提供の人工授精（以下，AID とする）により2009年に長男をもうけた。前田さんが宍粟市役所に出生届を提出したところ，宍粟市長は，前田さんが性同一性障がい者であることを理由に父として認めなかった（市職員は前田さんが性同一性障がい者であることを知っていたため，その場で法務省に問い合わせの電話をかけていた）。当時の法務大臣は，法の下の平等に反するため親子関係を認める方向で早急に改善に取り組みたいと記者会見で述べたが，後日，「当初の認識が十分でなかった」などと対応を変化させ，その後長らく長男の戸籍が作成されないままという事態となった。

　前田さん夫妻は，法務省のある東京で裁判手続きをとることを決意し，筆者につながった。性的マイノリティの法的アクセス障害の解消をめざして2007年に設立された「LGBT 支援法律家ネットワーク」の活動が広がりをみせつつあった時期であり，東京弁護士会も性的マイノリティの問題に取り組み始めていた時期でもあった。筆者が団長となって LGBT 支援法律家ネットワーク内外の有志で組まれた「GID 法律上も父になりたい裁判弁護団」の弁護士は，155名に及んだ。

　前田さんは，新宿区に転籍したうえで，2012年 1 月に改めて出生届を提出した。これに対し，新宿区長は，父の欄を空白とする長男の戸籍を職権で作成した。そのため，前田さん夫妻は，東京家庭裁判所に対し，長男の戸籍の父の欄に前田さんの名前を記載することなどの戸籍訂正許可を求める審判を申立てた（以下，長男ケースとする）。

　前田さん夫妻は，その後さらに二男をもうけた。新宿区長は，この二男についても，父の欄を空白とする戸籍を職権で作成した。

　2012年12月の時点で，長男ケースの抗告が東京高裁により棄却されていたことから，二男については，戸籍訂正許可審判ではなく別の手続きをとることとし，前田さんを原告，二男を被告とする親子関係存在確認請求訴訟を，2013年 4 月，住所地であった大阪家裁に提起した（以下，二男ケースとする）。

　なお，ある中部地方の性同一性障がいの夫とその妻は，前田さん夫妻と同様 AID で子をもうけ，当初，子の戸籍の父の欄に夫の名がきちんと記載されていた。しかし，前田さんの長男ケースの申立てが報道された後，この中部地方

55

第Ⅱ部　社会関係と法

の自治体は，出生から2年9か月も経過した時点で，職権で父の欄を抹消した。このケースについても，2013年2月に戸籍訂正許可審判を申立てた（以下，中部地方ケースとする）。

3 何が問題となったか

■ 性同一性障がい者に対する差別的取り扱い

　本件で最も本質的な問題点は，父子関係を認めない行政機関の対応が，明らかに性同一性障がい者に対する差別的取り扱いであった点にある。

　これまで，AID は日本国内において50年以上にわたって利用されており，その子はすべて嫡出子として取り扱われてきた。それにもかかわらず，性同一性障がい者の場合にのみ父子関係を否定することは，きわめて不合理である。

　特例法は，性同一性障がい者が本来の性別で社会生活を営むことができるよう，不利益を解消させることを目的として制定された。特例法により「男性」となり，「夫」となることが社会的に認められながら，子との関係の局面において，もとの身体的な性がもち出されて振り出しに戻り，「父」としては認められないなどとして，変更後の性別（当事者にとって本来の性別）で生きることを阻む本件取り扱いは，特例法の理念に明らかに反している。そして，性同一性障がいでない男性と異なる取り扱いとなっていることは，憲法14条の保障する法の下の平等に違反するものであった。

■ 「婚姻中の懐胎」と「推定」（民法772条）

　民法772条1項は，「妻が婚姻中に懐胎した子は，夫の子と推定する」と定める（嫡出推定）。そして，特例法4条1項は，「法律に別段の定めがある場合を除き，その性別につき他の性別に変わったものとみなす」と定めており，嫡出推定に関する「別段の定め」はない。本件は「妻が婚姻中に懐胎した子」であるから，条文に素直に当てはめれば，法律上の父子関係が認められなければならないはずである。

　他方，民法772条が「推定」という語を用いていることを重視すれば，父子間に生物学上のつながりのないことが明らかな場合には，同条は適用されえな

56

Chapter4 親　子

いかのようにも思える。実際，新宿区長らは，夫に生殖能力がないので父子間に生物学上のつながりのないことが明らかである，との理由で同条が適用されないとした。

　特例法による性別の取り扱いの変更は，生殖腺がないことまたは生殖腺の機能を永続的に欠く状態であることが法律上の要件となっている（特例法 3 条 1 項 4 号）。そして，性別の取り扱いの変更を行った場合，戸籍上に「平成15年法律第111号 3 条」と記載され，かかる記載は，婚姻や転籍等によってもつねに戸籍上に記載される（戸籍法施行規則37条，39条 1 項 9 号）。しかし，実際には，当初の宍粟市役所職員は，戸籍の記載から判断したのではなく，たまたま前田さんが性同一性障がい者であることを知っていたものであった。また，中部地方ケースで出生届を受理した職員は，この記載を問題とせずに，父子関係を認めていた。

❸「推定の及ばない子」論

　嫡出推定を嫡出否認の訴えにより争うことができるのは父のみであり，それも 1 年以内と期間が限定されている。嫡出推定の趣旨が「子の早期の身分安定」にあることから導かれる，強力な効果である。

　他方で，民法772条については，「推定の及ばない子」との概念が確立している。妻が懐胎した時点で夫が刑務所に入所していたなどの事情がある場合には，嫡出推定が及ばず（＝民法772条の適用がない），その結果として，嫡出否認以外の方法で「推定」を覆すことができる。父以外の誰からでも，また， 1 年を過ぎていても，父子関係の不存在を争うことができることとなるのである。

　どのような場合が「推定の及ばない子」となるかにつき，最高裁は，いわゆる「外観説」をとっている（最高裁・1969（昭和44）年 5 月29日・判決〔最高裁判所民事判例集23巻 6 号1064頁〕）。性別の取り扱いの変更の事実や，その事実が記載された戸籍の記載を，「外観」であると捉えれば，民法772条が適用されないこととなり，また，同条の適用がない以上（＝誰からでも争える以上），戸籍事務の担当者が父子関係を否定することも可能であるかのようにも思える。

　しかし，これまでの最高裁判例のいう「外観」とは，社会生活上の夫婦としての外観である。性別の取り扱いの変更をした夫の夫婦であっても，社会生活

57

第Ⅱ部　社会関係と法

上夫婦としての外観を備えている。他方で，性別の取り扱いの変更の事実や戸籍の記載は，プライバシーに関する事項であって，社会生活上の「外観」ではない。

また，これまでの「推定の及ばない子」の事案は，いずれも，関係する私人間のうち父子関係に異議がある者が裁判上の手続きをとって，判断がなされたものである。本件のように関係者が誰も異議を述べていないにもかかわらず，戸籍事務管掌者が嫡出推定を否定することは許されないはずである。嫡出推定は，子の養育という人格形成・家族構築という重要かつ継続的な関係を定めるためのものである。妻が婚姻中に懐胎した子である限り，戸籍事務の担当者は「夫の子」として取り扱われなければならないのであり，婚姻それ自体がもつこの強力な効果を否定するためには，関係する私人による親子関係不存在確認訴訟等の手続きを経ることが必要である，とするのが，法の要請である。

まして，中部地方ケースでは，父子関係が正当に認められていながら，嫡出否認の期限の１年を大幅に超える２年９か月も後になって，突如行政機関が司法審査も経ずに職権で父の欄を抹消した。子の身分の早期安定という嫡出制度の趣旨に明らかに反する事態となっていたのである。

４ AID は民法の想定外？

「明治時代の民法制定時には AID が想定されていなかったから，民法772条は適用できない」，との考え方も，根強く存在していた。過去，法務省の法制審議会において，AID を含む生殖補助医療法制の審議が行われていたこともあり（2003年以降審議は休止されている），そのような立法上の手当のない限り民法772条は適用できない，とする考え方である。

しかし，民法は「妻が婚姻中に懐胎」したことのみを要件としており，その懐胎方法の如何は，同条の適用の有無とは無関係である。

そもそも，民法の構造上，法律上の父子関係に必ずしも生物学的つながりは求められていない（最高裁・2006（平成18）年７月７日・判決〔最高裁判所民事判例集60巻６号2307頁〕）。たとえ生物学上のつながりのないことを夫が知っていた場合でさえ，夫があえて嫡出否認の訴えを起こさなかったり，否認権を放棄したりすることも，条文上予定されている。夫の同意のうえで AID が実施された

のであれば，民法772条を適用することこそ，理にかなう。

　実際これまで，不妊の夫婦間で夫の同意のある AID によって出生した子は，民法772条1項によって「夫の子」として取り扱われてきた。学説も多数説であり，同様に解した裁判例も存している（東京高裁・1998（平成10）年9月16日・決定〔家庭裁判月報51巻3号165頁〕）。この取り扱いは，「出生届提出時には戸籍事務管掌者にとって当該夫婦が AID を用いたかどうかわからないから」という消極的な理由ではなく，父子関係の早期安定という民法772条の趣旨という積極的な理由によって正当化されるべきものである。

　かえって，明治時代の民法制定当時に嫡出推定に関して「想定」されていた事態とは，婚姻中の妻が他の男性と性交渉をもって子を出産した場合——不貞は民法上離婚原因と明記されている——であり，それでも夫が嫡出を否認しなければ，法律上の父子関係が存するとしていたのである。このような明治時代の立法当時に「想定」されていた事態と比較すれば，本件のように，夫の同意もあり，他の男性との性交渉も介在せず（すなわち不貞もなく），積極的に家族を構築しようとしている夫婦間の AID においては，法律上の父子関係はより一層認められなければならないはずである。

5 特別養子縁組との関係

　前田さん夫妻や中部地方ケース以外の当事者らは，父の欄空白の戸籍が作られた後に，やむなく，子とのあいだで特別養子縁組を行っていた。たしかに，特別養子縁組を行えば，実質的に実親子関係と同様となり，戸籍の記載も一見してそれとはわからないため，子の法的保護に欠けるところがないかのようにも思える。

　しかし，1987年の民法改正で設けられた特別養子縁組制度は，虐待や養育困難の事案を想定していたものであって，不妊の男女の夫婦での AID 子について用いることは「想定」などされていなかった。実際にも，それまで AID 子について特別養子縁組が行われた例は存在していなかった。また，特別養子縁組が成立すると戸籍の記載上実子との違いはほぼなくなるが，それはあくまで効果であって，目的ではない（東京家裁八王子支部・1990（平成2）年2月28日・審判〔家庭裁判月報42巻8号77頁〕）。

第Ⅱ部　社会関係と法

「特別養子縁組が認められるから嫡出推定が認められなくてもよい」，ということにはならないのである。

6　出自を知る権利との関係

近年，AID 子の「知る権利」について問題提起がなされている。筆者もその必要性については肯定するが，しかし，そのことと法律上の父子関係を否定すべきかどうかは，別の問題である。仮に本件で法律上の父子関係を否定したとしても，子どもの知る権利が保障されることにはつながらない。知る権利については，他国のように別の制度を設けて対応すべきであろう。

そもそも，本件各ケースでの取り扱いは，子どもの権利や福祉の観点からなされたものではなかった。実際，新宿区長らも，子どもの権利・福祉については，何ら言及しておらず，東京家裁，東京高裁，大阪家裁も言及していなかった。

4　家庭裁判所・高等裁判所の判断

1　東京家庭裁判所（長男ケース）

東京家裁は，2012年10月31日，以下のとおり述べて，前田さん夫妻の申立てを却下した。

- ・申立人父に男性としての生殖能力がないことが戸籍記載上から客観的に明らかであって，長男が申立人ら夫婦の嫡出子とは推定できない。
- ・嫡出推定の及ばない子であっても嫡出子として出生届を受理せざるをえないのは，戸籍事務の審査の限界による事実上の結果にすぎない。
- ・あくまで客観的事実認定の問題であり，特例法の要請に反するものではなく，憲法14条で禁止された差別には該当しない。夫の同意のある AID 子を夫の子とする立法があれば格別，いまだそのような立法はない。特別養子縁組をすれば子の法的保護に欠けることはない。

2　東京高等裁判所（長男ケース）

前田さん夫妻は即時抗告を行ったが，同年12月26日，東京高裁は上記審判をそのまま引用したうえ，「嫡出親子関係は，生理的な血縁を基礎としつつ，婚

Chapter4 親　子

姻を基盤として判定されるものであり，民法772条は家庭の平和を維持し夫婦関係の秘事を公にすることを防ぐとともに父子関係の早期安定を図ったものであることからすると，戸籍の記載上，生理的な血縁が存しないことが明らかな場合においては，同条の適用を欠く」等と述べて，即時抗告を棄却した。

前田さん夫妻は，最高裁に対し，特別抗告および許可抗告を申立てた。

❸ 大阪家庭裁判所（二男ケース）

二男についての親子関係存在確認請求訴訟について，大阪家裁は，2013年9月13日，棄却判決を言い渡した。

大阪家裁判決は，「母が夫である原告との性的交渉により被告を懐胎することが不可能であったことが戸籍の記載自体から明らか」，「現行民法は……自然生殖によっては発生し得ない父子関係を想定しておらず」，と述べて，性的交渉や自然生殖でないことを強調して民法772条の適用を否定し，性同一性障がいに限らず AID の場合一般について同条の適用がないとした。

前田さんは，大阪高裁に対して控訴した。

5　最高裁判所の判断

❶ 決定要旨

最高裁第3小法廷は，2013年12月10日，長男ケースの許可抗告について，民法772条1項を適用して法律上の父子関係を認め，高裁の却下決定を破棄し，家裁の審判を取り消して，長男の戸籍の父の欄に前田さんの名前を記載するなどの戸籍訂正を許可する決定を言い渡した（最高裁判所民事判例集67巻9号1847頁，判例時報2210号27頁）。法廷意見は3名の裁判官の多数意見によるものであり（うち2名が補足意見を述べている），2名の裁判官が反対意見を述べている。

・特例法4条1項によって，同法3条1項の規定にもとづき男性への性別の取り扱いの変更の審判を受けた者は，以後，法令の規定の適用について男性とみなされるため，婚姻中にその妻が子を懐胎したときは，同法772条の規定により，当該子は当該夫の子と推定されるというべきである。
・民法772条2項所定の期間内に妻が出産した子について，妻がその子を懐胎すべき

61

第Ⅱ部　社会関係と法

時期に，夫婦間に性的関係をもつ機会がなかったことが明らかであるなどの事情が存在する場合には，その子は実質的には同条の推定を受けないことは，当審の判例とするところであるが，性別の取り扱いの変更の審判を受けた者については，妻との性的関係によって子をもうけることはおよそ想定できないものの，一方でそのような者に婚姻することを認めながら，他方で，その主要な効果である同条による嫡出の推定についての規定の適用を，妻との性的関係の結果もうけた子でありえないことを理由に認めないとすることは相当でないというべきである。

❷ 寺田逸郎裁判官の補足意見（要旨）

　現行の民法では，婚姻は，単なる男女カップルの公認にとどまらず，夫婦間に生まれた子をその嫡出子とする仕組みと強く結びついている。特例法が嫡出子の規定の適用をあえて排除していないのも，婚姻と強く結びつく嫡出子の仕組みの存在をもふまえてのことである。血縁関係による子をもうけえない一定の範疇の男女に特例を設けてまで婚姻を認めた以上は，血縁関係がないことを理由に嫡出子をもつ可能性を排除するようなことはすべきでない。民法が，嫡出推定の仕組みをもって，血縁的要素を後退させ，夫の意思を前面に立てて父子関係を定めることとし，これを一般の夫に適用してきたからには，性同一性障がい者についても特別視せず，同等の位置づけがされるべきである。

　夫＝父親の意思を重んじることで嫡出子とされてしまうことの子の福祉の観点からの批判は，他の場合にも生じている問題であり，その仕組みを改めるかどうかとして広く議論をすべきものである。

❸ 木内道祥裁判官の補足意見（要旨）

　嫡出推定の趣旨は，第三者からはうかがうことができない事情によっては父子関係が否定されないとすることにある。夫が特例法の審判を受けたという事情は，第三者にとって明らかなものではない。

　嫡出推定は父を確保するものであり，子の利益にかなう。嫡出推定が認められないことは，血縁上の父が判明しない限り，父を永遠に不明とすることである。特別養子としてもそのことは変わらないし，出生後に夫婦間に意思の食い違いが生ずると子が特別養子となることも期待できない。

　血液型・DNA検査などにより，偶然に子が父と血縁がないことを知る事態

が生じうるが，これは特例法によるものではなく，民法772条の推定から不可避的に生ずるものであり，生殖補助医療の発達により，さまざまな場面で表れていたことでもある。この点についての子の利益は，子の成育状態との関係で適切な時期や方法を選んで親がその子の出自について教示することにより解決されることという他ない。

４ 岡部喜代子裁判官の反対意見（要旨）

　現実に親子関係を結ぶことができるかどうかは親子関係成立に関する要件を満たすか否かによって決定されるべき事柄である。子をもうける可能性のない婚姻を認めたことによって当然に嫡出親子関係が成立するというものではない。

　嫡出子とは，本来夫婦間の婚姻において性交渉が存在し，妻が夫によって懐胎した結果生まれた子である。特例法にもとづき性別変更審判を受けた者であり，妻を懐妊させる機会がないことが明らかである本件のような場合は，社会生活上の外観以上に性的関係をもつ機会がない。民法772条の推定は妻が夫によって懐胎する機会があることを根拠とするのであるから，その機会のないことが生物学上明らかであり，かつ，その事情が法令上明らかにされている者については推定の及ぶ根拠は存在しないといわざるをえない。

５ 大谷剛彦裁判官の反対意見（要旨）

　特例法の制度設計において，性別取り扱いの変更を受けた者が遺伝的な子をもうけることは想定されていないことは明らかであり，民法の解釈からすれば，実質的に父子関係，実親子関係の推定が及ばない場合と解せざるをえない。

　生殖補助医療による法律上の親子関係の形成の問題は，本来的には立法によって解決されるべきものであるが，議論は十分に煮詰まっていない。本件で法律上の父子関係を裁判上認めることは，現在の民法の解釈枠組みを一歩踏み出すことになり，また，本来的には立法により解決されるべき問題に，その手当や制度整備もないまま踏み込むことになる。

第Ⅱ部　社会関係と法

6　最高裁判所の判断の意義

■1　法務省通達による問題の解決

　法務省は，最高裁決定を受けて，2014年1月27日，「性同一性障害により性別の取扱いの変更の審判を受けた夫とその妻との婚姻中に出生した子に関する戸籍事務の取扱いについて」と題する通達を発出した（法務省民一第77号民事局長通達）。

　同年3月10日の時点で，法務省において同様の事例が56件確認されていた。すでに特別養子縁組がなされている場合も含めて，父の欄に夫の名を記載する戸籍訂正がなされ，また，それ以後出生届が提出されるケースでは最初から父子関係が認められる扱いとなった。

■2　二男ケースと中部地方ケースへの影響

　二男ケースについては，大阪高裁に係属していた訴訟を取り下げ，改めて東京家裁に戸籍訂正許可審判を申立てて，認容審判を得た。また，中部地方ケースについても，上記の最高裁決定後に認容審判が言い渡された（判例集未登載）。

■3　裁判の意義

　今回の最高裁決定は，性同一性障がい者であっても，愛する人たちと真摯に関係を築いていこうとすることに対して，この社会が，きちんと「家族」として受け止め，認め，支えるのだ，というメッセージを司法府が出したという点に，大きな意義が存する。立法府は，生殖補助医療について10年前に検討しながら，これを放置してきた。行政府も，前田さんの問題が生じてから，一度は法務大臣が父子関係を認める発言をしながらも，その後数年にわたって放置してきた。そのようななか，人権の砦である司法府が救済したということは評価できる。

　不妊の男女の夫婦と同じように AID で子をもうけたにもかかわらず，性同一性障がい者の夫婦だけが父子関係を否定されなければならない理由は，すで

64

Chapter4　親　　子

に詳細に述べてきたとおり，条文の文言からも，法の趣旨からも，導き出され
ないし，家族としての実質面からしても，本件のような取り扱いはやはり正当
化されえない。

　筆者は，児童相談所や子ども家庭支援センター等と連携して児童虐待・不適
切養育のケースに日常的に携わり，生物学上のつながりがありながらも虐待に
及んでいる親に，多数接している。他方で，性同一性障がい者として「性」と
「生」に苦悩し，真摯に向き合ってきた前田さんは，通常の「男性」「夫」「父」
以上に，家族を大切にし，子の養育の意思も能力も高い。性同一性障がい者に
対する差別という観点からも，実際に養育される子の福祉の観点からも，本件
で法律上の父子関係を否定することが許されるべきではないことは，明らかな
事案であった。

7　おわりに

　日本国内において，性的マイノリティは，長らく自己肯定感を育むことが困
難な状況に置かれてきた。そのようななかで，当事者らは，〈自分自身を肯定
すること〉から，〈パートナーと安定した関係を築いていくこと〉という横の
関係へと人生を広げ，そしてさらに，〈子育てという次の世代への橋渡し〉と
いう縦の関係を含んだ人生へと踏み出し始めている。

　子どもをもちたい，家族を築きたいという思いは，決してエゴではなく，人
間としてまったく自然なものであり，そして社会にとっても重要なことである。
私たちは皆，誰かに育てられて今がある。「自分が受けてきた愛情を次の世代
にバトンタッチしよう」という思いと，「自分が経験した辛さと同じ辛さを引
き継がせないようにしてあげたい」という思いをもつことは，パートナーとの
あいだの生物学的な子をもつことができる人であっても，そうでない人であっ
ても，同じである。

　本件のケースは，法的に婚姻が可能となった性同一性障がい者のケースで
あった。他方，日本国内では，同性婚は認められていない。しかし，事実上，
子育てをしている同性カップルは存在している（前の男性パートナーとのあいだ
の子を，女性パートナーと共に養育しているカップル等）。また，生物学上のつなが

65

第Ⅱ部　社会関係と法

りのある親子関係のみならず，諸外国のように，性的マイノリティのカップル
が里親となって子を養育することをめざして活動している団体も近年設立され
ており（レインボー・フォスターケア），2017年4月には大阪市で男性カップルが
里親として認定されたことが大きく報道された。同性婚が認められない理由は，
子をもうけることがありえないからであると説明されることがあるが，民法は，
生物学上のつながりのない子とのあいだで養子縁組をすることを当然に認めて
いるし，前田さん夫妻の最高裁決定も述べているように，生物学上のつながり
のある子をもちえない性同一性障がい者も婚姻が認められていることを想起す
れば，同性カップルを，家族による子育てという社会のシステムから排除すべ
き理由はない。

　性的マイノリティと子どもとの関係は，今後もさまざまな形で，司法，立法，
行政の各場面において現れるであろう。そして，そのいずれの場面においても，
性的マイノリティ当事者と子どもの人権保障を最も重要な基盤に据えて，「国
家が保護すべき家族とは何か，親子とは何か」という問いに，社会が真摯に向
き合っていくことが求められている。

📖 文献案内

　　二宮周平，2012,「性別の取扱いを変更した人の婚姻と嫡出推定」『立命館法学』
　　345・346：576-610.
　　　本ケースで最高裁に提出された著者の意見書がベースとなっている論文。

【山下敏雅】

婚 姻

カップルの特別扱いに合理性はあるか？

1 はじめに

　ジェンダーの視点から，法におけるセクシュアリティの問題に深く切り込んだ画期的な業績は，角田由紀子の『性の法律学』ではないだろうか。レイプ，婚姻制度，売春などから，異性愛男性目線のダブルスタンダードがいかに法に巣食っているかを，インパクトをもって一般の読者に示した快作であった。また，同書においては，同性愛者に対する差別に1章が充てられ，当時，同性愛者が平等を求めて闘っていた「府中青年の家」事件も取り上げられている。

　同書が刊行された90年代からは，それまで自明視され，あるいは二級の問題として法学研究者の関心を呼ぶことが少なかったセクシュアリティの問題が，人権の問題として法学者に捉えなおされる傾向が看取される。ポルノや買売春に関する，女性の人権や性的自己決定権の観点からの研究者側の問題提起もこれに当たるだろう（若尾 1997；中里見 2007）。

　「女性の人権」を中心に据えるアプローチと軌を一にするわけではないが，「同性婚」の問題も，異性愛男性中心のセクシュアリティ観のヘゲモニーを問う流れのなかで捉えることができる。かつては単なる思考実験のように思われた「同性婚」に対する社会的な関心は，日本社会の変化に応じて現在では格段に高まっている。筆者は，パートナーシップ制度にとどまらず，現在異性カップルが利用している婚姻制度を同性カップルにも利用可能にするという意味での「同性婚」が，日本国憲法24条（婚姻の成立に「両性の合意」を求める条文）に

67

第Ⅱ部　社会関係と法

違反することはないし，また同14条の平等原則からはむしろ同性婚の合法化が求められると主張してきた（齊藤 2009，2010，2012a）。このような憲法解釈論については発表済み論考の参照を乞うことにして，今回は，婚姻とセクシュアリティの関係について，同性婚を出発点に自由に考えてみたい。

　まず，同性婚の可能性を問うことは，婚姻制度とセクシュアリティの関係を問うことにつながる。「婚姻は子どもを産み育てる枠組みであるから自然生殖が不可能な同性カップルには認められない」と述べる場合はもちろん，「同性カップルも，愛し合うカップルであるのだから異性カップルと同じように婚姻が認められるべきである」という場合にも，婚姻にはセクシュアリティがともなうことが前提とされている。婚姻制度だけでなく婚姻外の共同生活を保護する他国のパートナーシップ制度も，たいてい，種々ある人間集団のうち，この「カップル」を特別にくくり出す。しかし，このように「カップル」に特別の含意を法律的に認めることは，根拠のあることなのか。この機会に一度この点を問いなおしてみたい。

2　同性婚の焦点

　事実婚ではない「法律上の婚姻」が，「正統な結合」という意味合いをもつこと，聖俗の分離がフランスほどには明確でない日本においては，その「正統性」がより広く通用するという指摘がある（大島 2013：461）。法律が承認する婚姻がもつこの正統性こそが，同性婚の合法化において俎上に載せられている焦点のひとつである。ただし後述のように，これは一側面にすぎない。法律婚が，諸権利を配分する法制度である限り，この権利を獲得する手段として婚姻へのアクセスが求められてもいる。この２つの契機は結びついているものの，区別可能であり，この区別は婚姻制度を考えるうえでの重要な視点を獲得させてくれる。近年の憲法学における平等原則に関する議論も，こうした区別と重なってくるため，まずはここから議論を起こしてみたい。

■ 平等の二層構造

　憲法学者の安西文雄によれば，人種差別のように深刻な差別には，「差別の

Chapter⑤ 婚　姻

犠牲者の社会構成員たる地位そのものの格下げ，排除，あるいは彼らに対する
スティグマ」の押しつけといった「地位のレベル」と，「権利・利益さらには義
務の不利益分配」といった「権利・義務等のレベル」があるという（安西 2011：
96）。さらに，アメリカの学説では，平等に関して反別異（anti-classification）の
視点と反従属（anti-subordination）の視点が対比されているという。前者は権
利・義務等のレベルにおける別異扱いを問題とし，後者は，権利・義務等の不
平等分配の背後にあるマイノリティの社会的地位の格下げを問題とする。安西
は，「反従属の視点をとってはじめて，深刻な構造的差別の実像に迫ることが
できる」とも述べる。

　分配される権利・義務の多寡だけを問題とするならば「分離すれども平等」
が成り立つ可能性があるが，反従属の視点をとれば，区別をしていること自体
がマイノリティの地位の格下げにつながっていないかが問われることになる。
次に述べるように，同性婚はまさにこのような平等の二層構造を内包する問題
である。

❷ 地位のレベル

　米国のマサチューセッツ州最高裁は，シビル・ユニオンを準備していた州議
会から意見を求められ，まったく同一の権利を同性カップルに付与したとして
も，シビル・ユニオンでは不十分とし，婚姻をなお認めない点において同性愛
者を二流市民として扱っているために憲法違反だと指摘したことがある（紙谷
2004：283）。ここでは，婚姻している（あるいは，できる）カップルとそうでな
いカップルという「地位」がまさに問題となっており，区別自体が憲法に違反
すると考えられたことになる。

　正統な結合として扱われる人の範囲とその社会で十全に市民権を認められる
人の範囲には密接な関わりがあるという意味で，この州最高裁の指摘は正鵠を
射ている。実際，アメリカ合衆国における婚姻は，異人種間婚姻禁止法が南北
戦争後に広まったことから確認できるように人種差別と表裏一体の関係におい
て展開した。このように社会制度としての婚姻が差別のメカニズムで果たす役
割を意識するとき，婚姻のもたらす正統性の付与を同性カップルに拒否するこ
とで，同性カップルと異性カップルのあいだの序列が維持されているとみるこ

69

第Ⅱ部　社会関係と法

とも不自然ではない。

たしかにこの序列は，主に生殖可能性を参照基準として正当化されてきた。しかし，生殖不能であっても異性カップルであるならば婚姻でき，さらに自然生殖が不能であっても（婚姻した）異性カップルには第三者の配偶子を利用した生殖補助医療の利用や共同での養子縁組など，子育てに参加する道が開かれている。このことを予断なしに観察するとき，社会的再生産に参加することが不可能であると考えられているがゆえに同性カップルには正統性が拒否され，正統性がないから社会的再生産に参与する道が閉ざされているという奇妙な循環構造が見出せるのである。

いずれにしても同姓婚の合法化をめぐる局面では，同性カップルに対する平等な地位の承認という側面が，地位のレベルでは問題となっている。婚姻制度は，さまざまな法律上の権利・義務や事実上の反射的な利益・便宜を配分しているが，このような具体的な資源配分機能とは別に，婚姻は，何らかの道徳的権威をもち，婚姻をした状態にあるカップルや婚姻の可能性のあるカップルに道徳的な正統性を付与している。

2013年にフランスで同性婚が合法化された際，それに先立ってデモ行進などの大規模な反対運動が繰り返されただけでなく，同性愛者に対する物理的攻撃までもが増加する傾向をみせた。このような事実が示すのは，異性婚姻はホモフォビア勢力にとっての最後の拠り所であったのであり，そうであるから同性婚の合法化には，現状変革の意味が大いにありそうだということである。

❸ 権利・義務のレベル

上記のような婚姻が付与する地位の問題と区別される争点として，婚姻制度を通じて配分されている具体的な法的権利・利益がある。これらの諸権利・利益の獲得こそが同性婚開放の重要な争点であると考える当事者も多いと推測できる。

ただし，いかなる権利・利益が婚姻制度を通じて配分されているかは，制度設計に依存するところが大きいため，この争点は各国間の相違が大きい。たとえば，フランスでは，パートナーシップ制度であるパックス（PACS）がパートナー間の経済的関係を相当程度考慮に入れており，経済的・社会的権利におい

70

Chapter 5 婚　姻

て婚姻に近接した制度となる一方で，共同養子縁組や連れ子養子縁組が婚姻カップルに留保されていたため，同性婚開放に連動して，カップルでの養子縁組が同性カップルにも開かれることが一大争点をなすことになった。

他方で，生殖補助医療や養子縁組を通じて，すでに同性カップルの親子関係へのアクセスが認められている米国の一部では，異なる権利，あるいは上記に述べた地位や正統性という争点が同性婚に託されていたと考えられる。

日本では，民法上，婚姻の効力として，夫婦同氏，同居・協力・扶助義務，貞操義務，法定夫婦財産制の適用，婚姻費用分担の義務，日常家事債務の連帯責任があるとされるが，その内容について当事者の選択や交渉を強く制限する効果を強制的にもつのは夫婦同氏くらいであり，婚姻の法的効果は大きくないともいわれる。さらに届出を行っていないため法律婚とは認められない内縁も，広く婚姻類似の保護を受けるため，法律婚だけが独自にもたらす法的効果という意味ではさらに意義が小さくなる。それでも，婚姻夫婦間の相互義務を離れて，子育てへの参画をみると，共同親権，特別養子縁組や生殖補助医療の利用という重要な局面で，法的あるいは自主的な規制により婚姻カップルのみがアクセスを認められている。また，税や入国管理上の特典といった重要な公法的効果は，法律上婚姻しているカップルに留保されている。

このように日本でも，婚姻制度には重要な利益が付帯させられており，これらは私的自治では対応困難なものばかりである。したがって，生活者としての当事者や外国籍者を含むカップルが，婚姻へのアクセスを求めることは当然であろう。

ところで，以上のような同性婚に託された課題の処理を行うことと，現行制度を不動の前提として特定の権利・利益をこのまま婚姻カップルのみに認め続けることは別の問題である。言い換えれば，特別のカテゴリーとしての婚姻を維持し続けるべきかという問いは，依然として答えられなければならない問いとして残っているのである。

3 性愛標準性批判

先に整理したように，同性婚が求められる理由は2つに整理できると思われ，

71

第Ⅱ部　社会関係と法

いずれの理由も真摯なものとして理解できる。法学界のメインストリームが同性婚を擁護するような論陣をわざわざ張ってくれるようなことはないであろうが，学説が同性婚への言及を増加させていることは，議論の機会が到来していることを示している。

他方で，既存の婚姻制度のさまざまな問題点や日本の特殊性を考慮することなく，婚姻の付与する正統性や権利・利益を求めることに疑問を呈する見解（堀江 2010；志田 2009）もある。こうした批判は，婚姻制度自体への批判を基礎に置いている。筆者も，同性カップルが婚姻の付与する正統性や権利・利益を求めることは，理由があり必要でもあると考えるが，そのことは，そこで思考停止してよいということを意味しない。

ホモフォビックな同性婚の反対派から主に提出されることの多い論点として，以下のような問いが控えている。婚姻は子の出生のための法的枠組みと考えられていたからこそ男女間のものと観念されていた。婚姻を子の出生と切り離してしまえば，男女間に限定する必要どころか，近親婚の禁止も，2人の人に限定する必要もなければ，人間同士の組み合わせに限定する必要すらないのではないか，というものである。

さらに同性婚が認められたとしても，依然として婚姻のカテゴリーに入れない人からしてみれば，自分たちが婚姻カップルに比して，不利に扱われる根拠が示されなければならないだろう。カップルのみを特別扱いするということは，性愛関係のみを特別にくくり出して特別に扱うことであるが，なぜそのようなことが許されるのか。

このような一歩先にあるようにみえる問題は，すでにある程度現実のものとなっており，以下のように課題を突きつけつつある。

■ バーデン姉妹対英国事件

ここで，ヨーロッパ人権裁判所（European Court of Human Rights）で争われた事件（Burden and Burden 対英国）を取り上げよう。この事件の申立人は，2人の老姉妹である。この2人は，両親から相続で得た家で30年以上にわたり共同生活を続けてきた。しかし，どちらか一方が死亡した場合に，イギリスの法律では控除額を超える分に40％の相続税の支払い義務が課されるため，姉妹は，その

Chapter5 婚　　姻

支払いのために家の売却を強いられることになるであろうという問題を抱えていた。2人は，相続税免除の立法目的が，安定したコミットメントのある関係の促進であるならば，同居する成人きょうだいの別異取り扱いは，いかなる立法目的にも仕えない，婚姻およびシビル・パートナーシップで結ばれたカップルの生存配偶者が相続税を免除されるのに比して，自分たちは同じ状況にあるにもかかわらず差別を受けているなどと主張した。

　これに対して，ヨーロッパ人権裁判所第4法廷の判決（2006年12月12日）は，安定したコミットメントのある異性愛あるいは同性愛の関係の促進を正当な目的であるとし，広い立法裁量を認めたうえで姉妹の排除は比例性の原則に反しないとした。

　上訴を受けた大法廷（2008年4月29日）は，第4法廷と結論は同じであるが，異なる理由づけを行った。大法廷は，婚姻配偶者やシビル・パートナーシップ法上のパートナーの関係は，きょうだいの関係とは質的に異なるとした。その相違にとって決定的なのは，関係の時間的な長さや相互扶助的な性質よりも，「契約的な性質の一連の権利・義務をもたらす公的な約束」であり，法的拘束力のある合意が存在していないという意味で，その期間の長さにもかかわらず，姉妹の関係は，婚姻配偶者やシビル・パートナーとは根本的に異なるとしたのである。

　この事例は，本章にとって重要な論点を複数含んでいる。まず，法は，いかなる根拠で人々の関係をカテゴライズし，権利を付与したり義務を課したりすべきなのかという実質的問題である。次に，何にもとづいて上記根拠を認定するのかという形式的問題がある。

❷ 性的関係考慮の合理性

　まず前者についてであるが，同性婚の可能性が問われるなかで，生殖可能性があるという雑駁な根拠による異性カップルのみの保護の合理性に疑念が向けられうる。しかしそのような合理性の探求は，今度は，なぜ「カップル」のみが特別のカテゴライズに値するのかとの発問を引き起こさずにはおかない。「カップル」とそれ以外の複数自然人の違いは，排他的な性愛関係が想定できるか否かである。

第Ⅱ部　社会関係と法

　もちろん，婚姻は，性的関係がなくとも当事者が問題にしない限りは，現実的には成立・継続することになろう。しかし，たとえば判例の立場である婚姻意思の「実質的意思説」は，婚姻の成立要件として，届出に加えて社会通念上夫婦と認められる関係を形成する意思を求める立場である。社会通念によれば夫婦は性的関係があることが想定されるだろう。夫婦には「貞操義務」もあると解釈されるし，「不貞行為」があった場合には，「不貞」の相手方への損害賠償請求も判例上認められている。一定の親族間の婚姻を禁止する婚姻障害も，婚姻が性的関係をともなうことを前提として，文化的禁忌を法に反映したものであろう。

　ブレイクは，こうしたカップル主義を，異性愛標準性（heteronormativity）にならって性愛標準性（amatonormativity）と名づけ，その差別性を問うている（Brake 2012：88-107）。Cossman らも，連邦憲法でカップル間の差別が禁止されているカナダの文脈を背景として，Conjugality（カップルであること）の概念が，法的な利益と義務の配分の基礎として非合理であること，Conjugality の基準として重要であったセックスという要素はすでに重要ではなく，また個人間の関係が性的な要素をもつか否かは，正当な国家目的と関係がないし，あるべきではないと主張する（Cossman 2001：272-273）。

　事実，排他的性的関係の有無を保護の線引きの基準とすることは，滑稽でもある。それが同性婚の文脈では真摯なものとして映るのは，同性愛者がまさに性的要素によって特徴づけられ，そのセックスによって劣等の烙印を押されてきたがために，その性的要素の土俵において，異性愛者と同等と認めることに重大な意味があるからである。

　そうした承認の次元を除けば，婚姻やパートナーシップ制度が配分する権利・義務を排他的性的関係の有無に応じて付与したりあるいは取り上げたりすることは，人間関係の多様性を考えると，標準から外れる人が少数であるとしても維持しがたい基準であろう。たしかに，女性の妊娠や出産という重大な帰結を生む異性間の性的関係を排他的関係に閉じ込めてコントロールしようとした時代にあっては，カントが考えたように"互いの性器を占有する関係"である婚姻に道徳性を与え，配偶者間の経済的依存関係に着目して特別の権利・義務をともなう法的地位を設定することには意味があったと推測できる。しかし，

74

Chapter⑤ 婚　姻

これはそもそも主にキリスト教徒のやり方にすぎないうえ，セクシュアリティが生殖から分離され私事とされる今日，なお性関係と法的地位を一致させることに合理性を見出しがたい。

❸ ケア関係の承認とサポートのための婚姻

ところで，先述したヨーロッパ人権裁判所の第4法廷判決は，婚姻やシビル・パートナーシップの立法目的を，「コミットメントのある安定的関係の促進」と捉えた。このような関係が何を意味するのかは定かではないが，互いをケアする継続的関係を保護することを意味すると考えてみよう。そうすると前述の姉妹を保護の対象から外すことは本来は説明がつかないのだが，その点を措く。このようにケアの関係を対国家関係における権利・義務の基礎とすることは，私的な関係に対する公的保護の正当化理由として妥当性をもちうる。

母子関係をモデルとしたケアの絆を保護の対象とし，性関係にもとづくいかなる特権をも廃止することを主張する著名な論者はファインマンである（ファインマン 2003：249-250）。彼女は，成人間関係はおしなべて普通法の規律に委ねるので十分とする。筆者は，セックスの有無を基準に権利・義務を考慮することに合理性がないことから，性関係にともなう特権を廃止しケア関係を保護するという方向性に賛同する。

一般論として成人同士の関係は，普通法の規律に委ねるので十分であり，ドメスティック・バイオレンスやレイプのように，婚姻がセックスをともなうことが前提とされてきたからこそ，適切に処罰されてこなかった犯罪については，むしろ普通法を適用することこそが要請されるであろう。当事者の財産関係は，当事者間の契約に委ね，それに私法による規律を及ぼすことが，原則的には求められる。

しかし，成人間共同生活について法的介入の必要性がなくなることはないのではないだろうか（齊藤 2012b：87）。すでに述べたように，現在婚姻に認められている特権のなかには，私的自治のみで対応することが困難なものが含まれている。それを考えるとき，セックスを含むか含まないかにかかわらず，成人間の経済的・精神的紐帯にもとづく親密な関係を考慮する必要は残っている。もちろん，この考慮が現行の婚姻制度を通じて行われ続けなければならない理

第Ⅱ部　社会関係と法

由はないが，親密圏が国家と無縁で構築できると考えることはできない。

　ブレイクは，先述したように性愛標準性を批判しつつも婚姻廃止論には立た
ず，ケアの関係について，これを認めサポートする権利に限定された「最小婚
姻（minimal marriage）」を提唱する。最小婚姻においては，配偶者の経済的依存
を固定・促進するような措置，すなわち経済的依存関係を考慮した優遇措置は
許されず，その効果は，第三者に対して考慮に入れるべき者の指名，埋葬に関
する権利，死亡休暇，入国・滞在に関する権利，介護休暇などに限定されてい
る（Brake 2012：160）。このうち，厳密に国家に対して要求される権利は入国・
滞在に関する権利のみということになろう。また，この最小婚姻においては，
性別だけでなく，人数の制限や血縁を理由とする婚姻障害も廃止される。大前
提として，親子と婚姻はそれぞれ独立したものとして捉えられている。

　しかしブレイク自身が，ジェンダー不平等が深刻な状況で，配偶者の社会保
障上の権利や財産分与を廃止することの危険性を認識しており，前者について
はさしあたりの維持を，後者については婚姻から独立した形で，つまり法的婚
姻の有無にかかわらない普通法による考慮を提案する。

　詳細な検討に立ち入ることはできないが，本章にとってレレバントな問題提
起は，性的関係と経済的な依存関係が合致する一対のカップルを特別の保護対
象とすることの再考であろう。仮にモノガミーとしての婚姻にそれなりにニー
ズがあるのならば，その脱特権化を進めつつ，少なくともパートナーシップ制
度は，多様なセクシュアリティやライフスタイルに開かれた，しかしケアの関
係を認知しサポートする，ブレイクのいう最小婚姻に近いものとして構想して
いくことができないか，考えてみるのはどうだろうか。

■4 ケア関係の認定

　残る問題は，国家がいかなる方式によってケア関係を認定するのかという問
題である。法か，事実か。届出など法律上の形式要件を満たして登録された関
係のみに法が定める効果を発生させるのか，実態にもとづいて公権力がケア関
係を認定し法が定める効果を発生させるのか。これは，日本における内縁準婚
理論の評価をめぐる論点とも重なる。当事者が非婚を選択しているにもかかわ
らず，婚姻に準じると国家が認定して介入してよいものか，という問題である。

76

Chapter5 婚 姻

　カナダでは婚姻法上の地位による差別が禁止されているが，公権力がカップルであるか否かにかかわらず，極端に広い「配偶者」の概念を採用し，これを同居人などにも適用することで社会給付を削ろうとした（Cossman et al. 2001：300-311）。法的な義務が存在しないところでケア関係を一方的に認定することは，個人の自律を脅かしうるという点もふまえなければならない。

　これに対して，■で取り上げた大法廷判決のように，境界を法的・形式的に捉え，「法的拘束力ある合意」の有無で線引きを行えば，当事者の自律の侵害のおそれは低くなる。しかし大法廷判決が無視していることは，バーデン姉妹には，相続税軽減という効果を発生させる「法的拘束力ある合意」，つまり，婚姻やシビル・ユニオンを利用することが，近親者であるために許されていなかったという点である。つまり，婚姻はもちろん，パートナーシップ制度を有する多くの国でも，非婚等の選択が当事者の完全に自由な選択であるとして，法的介入を否定できるほど，これらの制度への参入障壁は低くないのである。強制的夫婦同氏のような婚姻への参入障壁を下げることはもちろんであるが，特にパートナーシップ制度は，同性婚の代替物ではなく，性的関係を前提とせずにさまざまなケアの関係にある者に開かれたものとすることが，性的婚姻を相対化するためにも肝要であろう。

4 おわりに

　婚姻（やパートナーシップ制度）はケア関係の認知とサポートという立法目的にあわせて変えて（あるいは作って）いけばよく，セクシュアリティはレレバントな要素ではないというのが，結論である。とはいえ婚姻は，カップルの正統性の承認という側面をもっており，同性婚にはそのような課題が託されているため，これを無化することは今のところ適切ではない。また，ケア関係の承認・サポートには，私的自治には解消できない権利・利益の配分や当事者の私的自治に委ねたとしても国家介入を要する局面があり，一定の法的制度はケア関係の認知とサポートのために必要なものとして正当化されうるだろう。

　ただし，一口にケア関係の認知とサポートといっても，不平等が特定の形態をとる特定の社会で，いかなる権利や義務をいかなる状況で認めるのかは，個

第Ⅱ部　社会関係と法

別に検討していくよりない。そしてケア関係は法的制度の外にも存在しうるので，これがさらに事情を複雑にもする。多様なセクシュアリティや関係に開かれた制度の可能性を，現実の制度のあり様と突き合わせながら考えていくしかない。

📖 文献案内

青山道夫・有地亨編，1989，『新版注釈民法21 親族1　総則・婚姻の成立・効果』有斐閣.
　　近代的な婚姻の意義を民法学者が解説している。婚姻制度を考えるうえで有益な示唆を含む。

【齊藤笑美子】

暴　力

DVは異性間だけの問題か？

1　はじめに

　内閣府は，いわゆる"ドメスティック・バイオレンス（DV）とは"というタイトルのウェブページ（http://www.gender.go.jp/policy/no_violence/e-vaw/dv/index.html）において，「内閣府では，人によって異なった意味に受け取られるおそれがある『ドメスティック・バイオレンス（DV）』という言葉は正式には使わず，『配偶者からの暴力』という言葉を使っています。」と記載していた（当該記載の最終閲覧日2016年9月9日）。2017年4月21日現在，「『配偶者や恋人など親密な関係にある，又はあった者から振るわれる暴力』という意味で使用されることが多い」との記載に変更されているが，同じページでは，単に「配偶者からの暴力」という言葉もまだ使われている。

　また，東京都の東京ウィメンズプラザのウェブページ（http://www1.tokyo-womens-plaza.metro.tokyo.jp/consult/tabid/86/Default.aspx　以下のリンクすべてにおいて，最終閲覧日は2017年4月21日）では，「パートナーからの暴力にお悩みの方」との異性愛を前提としない表現があるが，その下位のページには，「配偶者暴力（DV）とは何ですか？」および「交際相手暴力（デートDV）とは何ですか？」とあり，「配偶者暴力（DV）とは何ですか？」のページ（http://www1.tokyo-womens-plaza.metro.tokyo.jp/consult/tabid/92/Default.aspx）では，「配偶者暴力（DV）とは，配偶者または事実婚のパートナーなど親密な関係にある男女間における暴力のことを言います。」として，男女間の暴力に限定されている。さらに，「交

79

第Ⅱ部　社会関係と法

際相手暴力（デート DV）とは何ですか？」のページでは，「交際相手暴力（デート DV）」を「結婚前の恋人間の暴力」と定義している（http://www1.tokyo-womens-plaza.metro.tokyo.jp/consult/tabid/93/Default.aspx）。

　法律上の同性同士での婚姻は認められていない日本において，同性をパートナーにもつ者で，「配偶者」や「結婚前の恋人」といわれるなかに「自分が間違いなく入っている」と思う者はほとんどいないであろう。

　そして，DV について日本語で書かれた本を読んでも，「DV の被害者は女性であり，加害者は男性である」ことを前提にしたものがほとんどである。男性被害者の存在に触れたものすら少なく，ましてや，同性間の DV やトランスジェンダーに関わる DV について触れたものなどほとんどない。あったとしても，そのページはごくわずかである。

　たしかに，数をみれば，DV 全体に占めるこれらの DV の割合は小さいであろう。しかしながら，同性間にも DV はあるし，トランスジェンダーに関わる DV もある。

　現状はまだ，確実にあるそれらの DV について，「実際にある」という認識をもつよう求めていかねばならない段階である。「同性間でも DV はあるのですか？」と，決して「DV」や「性的マイノリティ」のことを知らないわけではない人に聞かれたことがある。リアリティをもって性的マイノリティの暮らしを想定できないことや性的マイノリティは純粋に愛を全うする人たちであるとの思い込みなどから，性的マイノリティに DV があるとは思えないのであろう。

　さらに，性的マイノリティの DV 被害者への支援となると，取り組んでいるところはあるものの，全体的にみるとまだまだ手つかずの状況である。

　DV は，命や健康，そして，人格的生存に重大な危害を与えうる。性的マイノリティである DV 被害者が，性的マイノリティでない者と同様の支援を受けられないことは，性的マイノリティに対する差別に他ならない。

2　性的マイノリティに関する DV の実情

■ 保護命令発令の状況から

　2007年，女性から暴力を受けた女性が DV 防止法（正式な法律名は，「配偶者か

らの暴力の防止及び被害者の保護等に関する法律」）の保護命令を申立て，その発令が認められた（2010年8月31日日本経済新聞夕刊）。

最高裁によると，2006年4月から2016年6月までのあいだの，同性間での保護命令の発令件数は2件である。前述の新聞記事に掲載されている情報を除いては，発令の詳細な時期や当事者の性別等は明らかにされていない。2件とも，当事者の性自認は不明である。なお，2006年3月以前については，データ上，同性と特定できるだけのものがなく，同性間での保護命令の発令件数は不明とのことである。

ところで，保護命令の発令には，「身体に対する暴力又は生命等に対する脅迫を受けた」（同法10条1項本文）ことだけでなく，さらに，今後，「身体に対する暴力により，その生命又は身体に重大な危害を受けるおそれが大きい」（同法10条1項本文）ことも必要である。つまり，保護命令が発令されるのは，DVのなかでも身体的暴力や強度の脅迫があり，さらに将来，生命または身体に重大な危害を受けるおそれが大きい場合に限られる。しかも，そのことは証拠によって証明される必要がある。また，保護命令は，原則として，相手を裁判所に呼び出す期日を経なければ，発令されない（同法14条1項）。申立てから発令までは通常2週間弱程度はかかる。決して短くはないこの期間は，申立てによって相手に刺激を与えてはいるものの保護命令による保護はないという，非常に危険な期間である。

このように，発令まではただでさえハードルが高い。同性間DVの場合には，さらに，同性間で保護命令が適用されるとの明文が条文上なく，同性ということで不適用とされるかもしれないという不安材料まである。にもかかわらず，保護命令が申立てられたということは，それだけ，その被害が深刻であり，将来の危険性が高かったということを物語っている。

2 調査から

日本国内でも，数は少ないが，同性間DVやトランスジェンダーに関わるDVとその支援に関する調査がなされている。

2007年の全国シェルターシンポジウム（NPO法人全国女性シェルターネット主催）の分科会「セクシュアル・マイノリティのDV被害者支援」の主催者は，

第Ⅱ部　社会関係と法

2007年10月から11月に，全国の都道府県の配偶者暴力相談支援センターに対し，郵送でアンケート調査を行った（北仲 2010）。そして，38のセンターから回答を得た。「同性間で生じた親密な関係における暴力のケース」で，一時保護の事例があったのは3つのセンターである。電話相談など一時保護以外の対応をしたことがあると回答したのは5つのセンターである。また，回答からは，保護を求めるなかにトランス女性（自分のことを女性と認識しているトランスジェンダーの女性）がおり，センターがその対応に悩んでいることがうかがわれる。

また，ゲイジャパンニュース（国際的なグループである「ILGA」の加盟団体として，性的指向・性自認と人権について国連への情報提供や政策提言等を行っているグループ）は，2010年11月から2012年3月にかけて，東北，関東，中部，関西，中国，九州の6地域で，50名のレズビアン，バイセクシュアル女性，トランスジェンダーにインタビュー調査をした（Gay Japan News 2014）。

この調査では，どのような暴力を受けたかが具体的に聞き取られており，レズビアンが交際していた同性パートナーから3人でのセックスを求められたり，物を投げつけられたり，部屋の物に当たり散らされたりなどしたこと，レズビアンが同性の元恋人から家の前で待ち伏せされ強姦されたこと，トランスジェンダーがセックスを強要されたり，殴られたり蹴られたり足を引きずり回されたり，所有物を壊したり捨てられたりしたこと，トランスジェンダーがセックスを強要されたり，日常的に言葉による暴力を受けたり，胸に包丁を突きつけられたり，殴られたり蹴られたりしたことなどが報告されている。

以上のとおり，日本でも，同性間での，また，トランスジェンダーに関わるDVは現に起こっている。

3 支援につながりにくいこと

■ 被害に気づくことが困難であること

DVは，生活を共有する親密な関係のなかで起こるものである。街中でいきなり見知らぬ人から殴られれば「ひどい」と思えても，同じことが親密な関係で起こると，「怒らせた私が悪いのかな」などと思ってしまい，不当であることに気づきにくい。「おかしい」と気づき，「なんとかしなくては」と思うこと

Chapter⑥ 暴　力

は，加害者が男性で被害者が女性という，割合的に多い DV の場合でも，難し
い。

　ましてや，そのような DV でない場合，「DV は異性間で起こることだ」と
いう思い込みと当事者も無縁ではない。世間でいわれている DV と自らに起
こっていることを重ね合わせにくく，DV に気づきにくい。

　また，DV の概念は，単に「異性間で起こる」というだけでなく，「男性が
加害者であり，女性が被害者」であるという非対称な基準を含みがちである。
そのため，被害者が男性の場合，「DV の被害者は女性である」という思い込
みからも，DV に気づきにくくなる。さらに，「男は強くあるべき」という刷
り込みから，被害者としてみられることへの拒絶が生まれ，より一層，気づき
にくくなることもありうる。

❷ 支援を求めることが困難であること

　おかしさに気づき，「なんとかしなくては」と思ったとしても，支援を求め
ることにはさらに困難がある。

　自らのセクシュアリティ，また，パートナーの存在やその関係を周囲に隠し
ていることは，珍しいことではない。その場合，DV について誰かに相談をす
ることは，自分自身のことや加害者との関係性を明らかにすることにつながる。
DV について話す以前の段階でストップがかかってしまい，悩んでいることを
誰にも伝えられなくなる。これでは支援を求めることは難しい。

　筆者がこれまでに弁護士として受任した性的マイノリティの事件のなかで一
番多いのは，アウティングの事件である。アウティングというのは，カミング
アウトと異なり，自発的にではなく他人が勝手にセクシュアリティをバラして
しまうことである。アウティングの事件とは，たとえば，「お前の職場に連絡
して，お前がレズだといってやる」「親に，息子はゲイだっていうぞ」などと
脅されるというものである。

　アウティングの脅しにあっている相談者は，ひどく動揺している。弁護士の
ところに相談に来る人は，何らかのトラブルを抱えている。程度の差はあれ不
安を抱えている。しかし，アウティングの相談者は，そのなかでも，動揺の度
合いが高い。それほど動揺させられるのは，自らのセクシュアリティや加害者

83

第Ⅱ部　社会関係と法

との関係などが明らかになった場合に何が起こるかわからないという恐怖があるからである。そして，その恐怖は，自分が直接対象になっていなくても，性的マイノリティを蔑んだり，笑いものにしたりする周囲の反応の蓄積から生み出される。

アウティングに対する当事者の驚くほどの動揺は，DV がどんなにひどくても，DV を相談することより，セクシュアリティや加害者との関係が明らかになる恐怖が勝ることが不思議でないことを物語る。

また，被害にあっている本人がいわなくても周りが気づいて助けに入ることもあろうが，関係を隠しているとなると，周囲も異変やその原因に気づきにくい。パートナーの存在すら周りに明らかでない場合には，何か異変を感じても「DV なのでは」とはなかなか思い至らないであろう。その点でも，支援につながることが妨げられている。

❸ 依存度の高さや自己尊重意識の低さからの困難

関係性が閉じられていることは，相手への依存度が増してしまうという問題ももたらす。「この人と別れても次がある」と楽観的には思えなかったり，相手を見放してよいのかということで葛藤することになったりなどする。

さらに，自分を大切にする意識が低くなってしまっているという問題もある。DV により自分を大切にする意識を低くさせられているという面もあるが，それだけでない。性的マイノリティの場合，そもそも，DV 被害以前に，家族，教師，同級生，同僚など周囲の人物から自分の存在を否定される経験をし，自己尊重の意識が低くなっていることがある。自己尊重の意識が低下していると，「自分のことなどどうでもいい」などと思ってしまい，「状況を変えたい」という意欲をもちにくい。

❹ コミュニティの狭さによる困難

さらに，コミュニティの狭さという問題もある。

セクシュアリティをベースとしたコミュニティは，大都市でも，友だちの友だちが友だちであることは珍しくないほど人間関係が密である。特に，レズビアンやバイセクシュアル女性は，ゲイやバイセクシュアル男性に比べ，コミュ

Chapter ⑥ 暴　力

ニティの規模がさらに小さい。密接な人間関係のなかで，加害者との関係を絶ち，現状を変えようとすることは，多くの大切な友人との関係も失ってしまうのではないかとの不安をともなう。また，実際に，関係を切らなくては逃げられないこともある。

5 貧困やさまざまな喪失による困難

「男性が加害者で女性が被害者」という一般的な DV のケースでも同様であるが，貧困もまた支援を遠ざける。加害者の収入により生活していたり，加害者の収入と自分の収入をあわせてやっと生活できていたりするような場合には，加害者との関係を絶つとどうやって生活できるかがわからないという不安を抱えることになる。

弁護士に相談ができたケースでも，かなり深刻な DV 被害を受けていても，別れた後の生計に不安を覚え依頼に至らなかったり，依頼に至るまでに何度も気持ちが変わったりすることがある。依頼に至っても，経済的な不安から，DV 加害者と関係を修復することになることもある。

ところで，このような場合，DV を受けているのだから，「逃げるべき」「逃げないのはおかしい」として周囲の人々が苛立ってしまうことがある。

しかし，関係を解消することや逃げることは，仕事を失ったり加害者の収入を頼りにできなくなったりするなどの経済的喪失につながることがある。さらに，住み慣れた家，馴染んでいた地域コミュニティなども失ったり，思い描いていたパートナーとの幸せな関係などを諦めることが露わになったり，さまざまな喪失もともなう。簡単にできることではない。しかも，性的マイノリティの場合，前述したとおり，コミュニティの狭さによって，失うものが輪をかけて大きくなってしまうことにもなりかねない。

6 支援者側の問題による困難

「行政，警察，弁護士，カウンセラーなど支援者となるべき側に性的マイノリティに対する偏見があるのではないか」という不安から，相談が難しくなることもある。

この不安は，単なる不安で実体のないものではない。

85

第Ⅱ部　社会関係と法

　実際，警察に駆け込んだ場合に，警察官から「なんだ，オカマの痴話喧嘩か」などと偏見による暴言を受けたなどの二次被害の報告がある（NPO 法人高知ヘルプデスク 2015）。

　また，そもそも，行政などが性的マイノリティの DV 支援に対応しているかが不明ということ自体が，行政などへのアクセスを妨げている。

　行政のなかには，東京都世田谷区のように，「被害者が男性でも女性でも，また同性間での相談であってもお受けすることができます」（http://www.city.setagaya.lg.jp/kurashi/101/167/323/d00005030.html）と相談できることを明示したり，福岡県のように「LGBT の方の DV 被害者相談ホットライン」（http://www.pref.fukuoka.lg.jp/contents/dansei-dvhotline.html）として専用の相談電話があったりするところもなかにはある。しかし，そのようなところはごく少数である。ほとんどの行政の DV 相談では，性的マイノリティはその存在を無視され，気軽に相談することを呼びかける対象に入っていない。「対応しない」ともいってはいないが「する」ともいわない，この中途半端な状態は，「ここでもまた想定されておらず，対象にはなっていないのだろう」とのマイナスの評価につながり，「相談できない」「相談してもムダだ」ということになってしまう。

4 支援体制はどうなっているのか

■ 一時保護について

　相談だけであれば同性間 DV やトランスジェンダーに関わる DV に対応できる機関であっても，相談だけでなく，一時保護が必要な場合には問題が生じうる。

　まず，DV 防止法による一時保護は，異性間が前提になり，同性間 DV には対応できないのではないかとの問題がある。異性かどうかは，当人の認識ではなく，戸籍上の性別を基準にして考えることになる。たとえば，男性とトランス女性の場合，当事者が異性だと認識していても，トランス女性が性別の取り扱いを変更し戸籍上の性別が女性に変わっていなければ，同性ということになってしまう。女性とトランス男性の場合も同様である。

　なお，DV 防止法では，異性間 DV であれば，男性被害者も女性被害者と同

Chapter⑥ 暴 力

様に保護の対象とされている。しかし，「DV の被害者は女性である」という非対称な異性愛基準により支援が組み立てられているのが現状であるので，異性間 DV の被害者であっても，戸籍上の男性や，男性にみえる者は，女性に比べ，十分な保護を受けることが難しいことがある。

　また，戸籍上の性別が女性であれば，売春防止法による婦人保護として保護されうる。しかし，戸籍上の性別が女性であっても，トランス男性の場合，外見上男性にみえると判断されれば，他の利用者との関係で入れる施設がないということがありうる。

　戸籍上の性別が男性の場合でも，生活保護法にもとづき施設を利用することは考えられる。ただ，その場合の施設は，もともと DV 被害者の保護に対応した施設ではないし，そもそも，人口密度の高い集団部屋であるなど環境がよくない施設が珍しくない。男性から被害を受けた男性や戸籍上の性別が男性のトランス女性にとって，それは，かなり過酷な環境であろう。

　シェルターのなかには，個室をきちんと確保し他の利用者との関係が問題にならないようにして，DV 被害にあった男性やトランス女性などを受け入れているところもある。しかし，そのようなところは，少ない。さらに，利用料を公費負担にでき，自己負担をせずに済ますことができるところとなると，より一層限られる。

　支援者の創意工夫では，いかんともしがたい制度上の限界がある。

❷ DV 防止法の保護命令について

　2013年，DV 防止法について 3 度目の改正がなされ，改正法は，2014年 1 月より施行されている。

　1 度目と 2 度目の改正は，保護命令が広く利用できる方向でなされた。すなわち，1 度目の改正（2004年）では保護命令の対象が元配偶者にも拡大されるなどした。また，2 度目の改正（2007年）では保護命令発令の要件となる暴力の範囲が拡大され，身体に対する暴力を受けていなくても，生命等に対する脅迫を受けた者が含まれるようになるなどした。

　3 度目の改正も，保護命令を広く利用できるようにする方向でなされた。第 3 次改正の大きな改正点は，「生活の本拠を共にする交際（婚姻関係における共

87

第Ⅱ部　社会関係と法

同生活に類する共同生活を営んでいないものを除く）をする関係にある相手からの暴力」を受けた者にまで対象が広がったことである（同法28条の2前段）。つまり，事実婚とまではいえず，単なる同棲関係である場合も含まれることになったのである。

　この改正の趣旨としては，同棲関係にある相手からの暴力については，「婚姻と同様の共同生活を営んでいることによる『囚われの身』の状況が存在し，かつ，外部からの発見・介入が困難であるほか，ストーカー規制法や刑法による救済が困難であり，配偶者からの暴力の被害者と同様の救済の必要性が認められること」がある（福島・森　2014）。

　そうであるならば，これまで述べてきたとおり，戸籍上の同性間でのDVは，関係性が閉じられていたり，コミュニティが狭かったりなどすることから，より一層「囚われの身」の状況が存在し，かつ，外部からの発見・介入も困難であり，保護命令を適用するべき場合であるといえる。

　しかしながら，第3次改正に関連して出された論文では，否定的な解釈が主張されている。参議院法制局所属の永野豊太郎氏は，同棲の場合にも準用できるように制定された条文中の「婚姻関係」という文言について，「我が国の憲法上『婚姻は両性の合意により成立』と定められていることを踏まえて解することとなると考えている」（永野　2013）と述べている。そして，東京地裁および大阪地裁の裁判官は，永野氏の論文の先に挙げた箇所を取り上げ，「保護の対象に同性同士の交際は入らないとの立法者意思を明らかにしている」と記している（福島・森　2014）。

　ところで，「現行法の下でも，解釈論上の問題として，男女間でないカップルが事実婚に該当し得るかという問題はある」（村松　2013）との見解もあり，永野論文の解釈によっても，事実上婚姻関係と同様の事情にある場合に同性間でも保護命令が可能と解釈する余地はある。なお，同性間で保護命令が認められた2件はいずれも，同棲関係も対象とする第3次改正の適用前のものである。

　保護命令の適用につき明文で同性間の場合が排除されているわけではないが，これまで述べてきたとおり，少なくとも，第3次改正で広げられた同棲関係の場合に，男女間と同じように同性間でも保護命令制度を使えるとは言い切れない状況である。保護命令の発令はできうる限り緊急に，確実な発令が必要とさ

88

れるところ，適用される可能性が懸念されるとなると，申立て自体を避けることになってしまいかねず，このような状況はたいへん問題がある。なお，詳細は不明であるが，最高裁によると，2006年4月以降2016年6月までのあいだに，同性間の保護命令事件で却下となったものが2件ある。

DV防止法は，男女平等の実現のみならず，人権の擁護をも目的とした法律である（同法前文）。異性ならば婚姻関係における共同生活に類する共同生活を営んでいると評価される関係であるにもかかわらず，同性同士の交際だからと保護の対象にしないことは不平等である。生命または身体への重大な危害が生ずるおそれがある局面でのこの不平等な取り扱いは，きわめて不当である。

また，「婚姻は両性の合意により成立」（憲法第24条1項）とされた趣旨は，当事者の意思のみによって婚姻は成立するものとして，家制度から婚姻を解放し，個人の意思の尊重と男女の平等を実現することにある。「婚姻は両性の合意により成立」との文言は，同性同士の婚姻を禁ずるものではない。にもかかわらず，この文言を根拠に，同性間DVへの保護命令適用につき，否定的な解釈をするのは，はなはだ不適切である。

5 おわりに

DVは，力関係を利用して，暴力を手段としてなされる支配である。力関係は，さまざまな要素によって作られるが，一番大きなものは，男女の不平等な状況であろう。男女が不平等である現状から，「男性が加害者，女性が被害者」というケースは，たしかに圧倒的に多い。このような現状を無視して単純に男女の状況が同じものであるとしてDVに対応することは，問題を見落とすことになる。

しかし，「男性が加害者，女性は被害者」として対応するだけでは，こぼれ落ちるものがある。しかも，こぼれ落ちた結果，人の生命，身体，精神といったかけがえのないものに対して重大な被害が及ぶ。

性的マイノリティがこの社会で共に生きていることが広く明らかになった今，もはや，性的マイノリティのDV被害者支援の必要性を知らなかった，といって済まされはしない。

第Ⅱ部　社会関係と法

　同性間 DV やトランスジェンダーに関わる DV にきちんと対応するには，戸籍上の性別，性的指向，性自認などにかかわらず，誰でも利用できる制度や支援が必要である。そして，そのような制度や支援は，性的マイノリティだけのために必要なのではない。現状では，男性に DV をされた女性に子どもがおり，子どもが男性であれば一緒に保護されることが難しいこともある。個室がきちんと確保されておらず，集団生活が苦手な人は，女性であっても，保護を受けづらいこともある。

　同性間の DV やトランスジェンダーに関わる DV 被害者への制度や支援の不十分さは，性的マイノリティへの偏見やその存在の無視にもよるが，そもそも，男性が加害者，女性は被害者という多くある DV であっても，現状，制度や支援が不十分である。

　性的マイノリティを含め，すべての DV 被害を受けた人が尊重される支援が求められるべきである。

　2015年，渋谷区で条例が，また，世田谷区等で要綱が制定され，地方自治体のなかに同性パートナーシップを認める動きが広がっている。また，企業が，同性パートナーにも家族向けのサービスを受けられるようにすることも増えている。同性パートナーを配偶者と同様に扱い，福利厚生や休暇の対象とする企業もある。このように，現在，急速に，同性カップルが関係を築きその関係を深める面に対する公的，また私的保障が注目され，進められてきている。このことは重要なことである。しかし，関係性に問題が生じた場合についての制度や支援体制が整えられてこそ，不平等の解消といえる。パートナーシップの保障と DV や性暴力等の被害にあった人たちの支援を，共に求めるような運動を期待し，自らも積極的に関わりたいと思う。

📖 文献案内

尾崎礼子，2015，『DV 被害者支援ハンドブック 改訂版』朱鷺書房.
　　サバイバー視点の支援方法を模索してきた活動家らの知恵と経験にもとづいて書かれた一冊。サバイバーには当然，性的マイノリティも含む。

【森あい】

企　業

企業が性的マイノリティにできることとは？

1 はじめに

　私たちの安心・安全な暮らしを法により保護することは究極的には国家の義務である。たとえば，生活を脅かす犯罪行為に対し，刑事法にもとづく犯人の捜査・逮捕・処罰はもちろんのこと，犯罪被害者保護法などにより被害者本人や遺族の救済がはかられている。地震，津波など自然災害が発生すれば，災害対策基本法をはじめとするさまざまな法律によって，住民を避難させ，水，食料，仮設住宅などを提供し，被災者への支援金などの救済援助を行っている。
　一方で，国家の法による保護が十分に及んでいない課題に対し，企業が自発的に取り組むことは「企業の社会的責任」（以下，CSR とする）のみせるダイナミクスのひとつである。CSR とは，営利組織である企業が，継続的に利益を生み出すという経済的な責任に加えて，そのビジネスのやり方で，ビジネス（商品・サービス）自体で，またはビジネスとは離れた社会貢献として，環境や社会に対する責任を果たすことをいう。
　近年の同性婚やパートナーシップ制度をめぐる動向が示すように，性的マイノリティであるレズビアン，ゲイ，バイセクシュアル，トランスジェンダー（以下，LGBT とする）の権利保障に対して，国内外で関心が高まりつつある。しかし，国家による LGBT 差別に対する法規制や LGBT の権利の法的保障はいまだ不十分であり，企業の取り組みに注目が集まってきている。

第Ⅱ部　社会関係と法

2　企業活動と人権

■1■ 企業活動と人とのつながり

　私たちの暮らしは企業活動からさまざまな影響を受けている。まず，私たちの多くは労働者として企業と関わっている。労働者として企業に雇用され，業務を担当し，給料を得て，生活をしている。もし職場での差別により労働を続けることができなくなってしまったらどうなるだろうか。また，消費者として企業の商品・サービスを購入したり，投資家として企業の株式を購入して配当を得たりしている。誰でも簡単に使用できる製品を開発することで，子ども，高齢者や障がい者の生活がより豊かになることもあれば，逆に，製品事故が発生することで消費者が被害を受けるうえに，企業の評判が下がることで株価が下がって投資家が影響を受けてしまうこともある。最後に，企業が事業を展開する地域の住民も影響を受ける。工場からの排気・排水の環境汚染により健康被害を受けたり，大型施設建設のために十分な補償がないまま強制的に移住させられたりするケースもある。このように，さまざまな利害関係者（ステークホルダー）との関わりのなかで，企業は存在している。企業は，利益を追求するという経済的責任を果たすのはもちろんのこと，その決定や事業活動が及ぼす環境や社会に対する影響に対しても責任を負う。これが CSR である。

　グローバル化を受けて，企業は，より良い条件のもとで原材料を調達し，労働力を確保し，市場を開拓するため，事業活動を世界中に拡大してきた。企業が商品・サービスの原材料などを取引先から調達し，そして取引先を通じてその商品・サービスを消費者に提供し，使用後の商品を廃棄・リサイクルする一連の流れはバリューチェーンと呼ばれる。原材料や資材の調達の流れだけを指してサプライチェーンとする場合もある。事業活動がグローバルに展開されるに当たり，CSR の及ぶステークホルダーの範囲もグローバルに広がっている。

■2■ グローバル化する企業活動への国際的な関心の高まり

　企業が原材料，労働力，市場を求め，国境を越えて事業活動を展開させてきた一方で，その過程における人々の暮らしや環境に対する深刻な悪影響も明ら

かになってきた。先住民族問題をはじめ，企業活動による人権への悪影響に関心が高まるなか，このように複数国にわたって人権に影響を与える企業であれば，特定の国内法にもとづく基準だけでなく，国際的に認められた基準を遵守して行動するよう期待が高まってきた。

　先進国企業がアジアやアフリカの新独立国などへ進出し始めた1960年代から多国籍企業の規制に国際的な関心が向けられ始め，1977年に国際労働機関（ILO）で「多国籍企業および社会政策に関する ILO 三者宣言」が採択され，また国連内部においても多国籍企業行動綱領案や「人権に関する多国籍企業および他の企業の責任に関する規範」の検討が進められていった。並行して，1990年代から CSR の考え方が国際社会で普及するなかで，2000年には国連グローバル・コンパクトが誕生した。国連グローバル・コンパクトとは，国連事務総長と企業経営トップが書簡を交換することで約束（コンパクト）を結び，企業は人権，労働基準，環境，腐敗防止からなる10の原則を事業活動のなかで遵守すること，「持続可能な開発目標（SDGs）」など国連が掲げる諸目標の実現に向けて協働することに取り組む。この約束（コンパクト）に法的拘束力はなく，企業の積極的な自発的姿勢にもとづくイニシアチブである。

　このように，企業が CSR を負うこと，人権，労働基準，環境，腐敗防止などに取り組むべきことが徐々に明らかになってきた。しかし，自社の事業活動やバリューチェーンで接する労働者，消費者，地域住民に対してどのような責任を負うのか，人権に対する企業の責任はいまだ不明確であった。

　この点に関して国際社会に共通の方向性を示すために作成されたのが，2011年に国連人権理事会で承認された「ビジネスと人権に関する指導原則」（以下，指導原則とする）である。前述のとおり1970年代から国連では企業向けの行動規範の策定が始まっていたが，国家から十分な支持を得ることができず挫折していた。指導原則は名前のとおり法的拘束力はないものにすぎないが，国連人権理事会という国家代表からなる機関から承認を受けたことにより，企業の人権責任についての共通認識として国際社会に受け入れられてきた。たとえば，2010年に国際標準化機構（ISO）から発行された社会的責任のガイダンス規格「ISO 26000」にも指導原則の考え方が取り入れられている。

第Ⅱ部　社会関係と法

❸ 国際社会における「ビジネスと人権」とは

国連グローバル・コンパクトや指導原則により，国際社会の共通認識として示されてきた「ビジネスと人権」のポイントは，以下の3点である。

(1) 「人権を尊重する責任」と「人権を促進する役割」

指導原則は，企業が人権を尊重する責任を明らかにした。「尊重」とは侵害をしないことを意味する。企業活動において人権に悪影響を与えないよう防止し，悪影響を軽減し，そして適切な場合には悪影響を是正するための救済や苦情処理の措置をとる。自社の取引先で人権侵害が起きている場合など，間接的に関わる場合には，取引先に対し是正を働きかける責任を負う。このような企業の責任を規定した指導原則に対し，国連グローバル・コンパクトは，「人権の尊重」に加え，SDGs などの目標実現に向けて積極的な貢献を求めるなど，「人権の促進」を支援する企業の役割までを含む。ISO 26000の人権項目でも，「尊重」と「促進」の双方の取り組みが求められている。ただし，「尊重（侵害をしないこと）」の責任を果たしたうえでの「促進（より積極的な貢献をすること）」の役割であることには注意が必要である。

(2) 国際人権基準が最低限の基準である

企業に尊重や促進が期待される「人権」は国際的に認められた人権である。具体的には，世界人権宣言をはじめ，「市民的および政治的権利に関する国際規約」（以下，自由権規約とする）と「経済的，社会的および文化的権利に関する国際規約」（以下，社会権規約とする），そして「労働における基本的原則および権利に関する ILO 宣言」である。これらが最低限の基準であるとして位置づけられている。ISO 26000ではさらに，「あらゆる形態の人種差別の撤廃に関する国際条約」（以下，人種差別撤廃条約とする），「女子に対するあらゆる形態の差別の撤廃に関する条約」（以下，女性差別撤廃条約とする），「児童の権利に関する条約」（以下，子どもの権利条約とする），「障害者の権利に関する条約」（以下，障がい者権利条約とする），「すべての移住労働者およびその家族の権利の保護に関する国際条約」（以下，移住労働者権利条約とする）など国連の主要な人権条約を追加で示している。国内法も重要であるが，企業活動が国境を越えて展開されているならば，国境を越えて通用する普遍的な基準を基礎とすべきではないかという国際社会の期待を示している。

Chapter7 企　業

⑶　企業活動と関わるすべての「人」が対象である　企業がその活動のなかで
人権を尊重・促進する対象は自社で直接働く労働者にとどまらない。企業活動で関わるすべての人，たとえば，消費者や地域住民，さらには取引先の企業が関わる労働者，消費者，地域住民も対象となり，バリューチェーン全体が対象である。

3 　国際人権基準と LGBT

■ 国際人権基準とは

　国際人権基準とは何だろうか。日本であれば憲法の第 3 章「国民の権利及び義務」に基本的人権が規定されている。これは主権者である日本国民の総意として定められた憲法上の人権であり，国内の人権基準である。そうではなく，世界を構成する多数の国家間で，つまり国際社会の合意として定められた人権基準が国際人権基準である。つまり，誰もが世界中どこでも保障されるべき共通の基準として定められたものである。

　第二次世界大戦後の国際社会が依拠すべき国際人権章典として，1948年に初めて採択されたのが世界人権宣言である。これはホロコーストや原爆投下をはじめ，人が「人」として扱われない悲惨な出来事と直面した第二次世界大戦を経て，国際社会が，どこの国・地域で生活するかを問わず，すべての人に，「人」として尊重されるために必要で，「人」であることだけを理由に認められる，権利や自由をリスト化した世界初の文書である。たとえば，生命，自由，身体の安全に対する権利（第 3 条），私生活，名誉，信用の保護への権利（第12条），移動と住居の自由への権利（第13条），迫害からの庇護を求め，享受する権利（第14条），婚姻と家族の権利（第16条），財産権（第17条），集会および結社の自由（第20条），社会保障の権利（第22条），労働への権利（第23条）などの権利・自由を定めている。しかし「実現しましょう」という宣言にとどまり，法的拘束力はなかった。20数年の時を経て，国家が実現しなければならない約束となったのが，自由権規約と社会権規約である。

　繰り返しになるが，世界人権宣言，自由権規約，そして社会権規約の人権リストは，誰もが世界中どこでも保障されるべき共通の基準として定められたも

95

第Ⅱ部　社会関係と法

のである。そこで，世界規模で事業を展開し人に影響を与える企業であれば，世界で共通の基準である国際人権基準を侵害しない事業活動が期待されるようになったのである。

❷ マイノリティとしての LGBT への注目

　このような誰でも世界中どこでも保障されるべき共通の基準が，特定の属性や特徴のために満たされないマイノリティ集団が存在する。たとえば，性別にかかわらず人は「労働への権利」を有しているが，出産後に労働現場から離れざるをえないのは女性であることが多い。また，人は「差別されない権利」を有するが，人種，肌の色，宗教にもとづく差別は根深く残っている。そこで，国際社会は，人種差別撤廃条約（1965年），女性差別撤廃条約（1979年），子どもの権利条約（1989年），移住労働者権利条約（1990年），障がい者権利条約（2006年）などマイノリティの権利保障を強化するための国際人権基準を定めてきた。残念ながら LGBT に関する国際人権基準はいまだ成立していない。

　しかし状況は変化しつつある。LGBT の権利保障に国際社会の関心が顕著に示されたのが，2011年6月の国連人権理事会決議「人権，性的指向，性自認」（A/HRC/17/19）の採択であった。決議において，国連人権理事会は，性的指向や性自認を理由とした個人に対する暴力や差別の行為に対し多大なる懸念を共有するとともに，LGBT も差別されることなく国際的に認められた権利を享有していること，すなわち，世界人権宣言第1条にある「すべての人間は，生まれながらにして自由であり，かつ，尊厳と権利について平等である」ことを確認したのである。

　国連人権理事会では引き続き2014年にも同決議を採択した。これら決議を受けて，国連人権高等弁務官による各国における LGBT およびインターセックスの当事者をめぐる人権状況および性的マイノリティの権利を保障する国家の義務についての報告書が2011年および2015年に提出されているほか，2012年にはブックレット「生まれながらにして自由で平等：国際人権法における性的指向および性自認」が発表された。このような LGBT の権利保障の取り組みは国連機関内にとどまらない。2013年7月から「UN Free & Equal」という LGBT およびインターセックスの当事者に対する差別解消のための教育・啓発キャン

Chapter7 企　　業

ペーンが世界規模で展開されている。

3 国際的に認められた LGBT の人権とは

　誰でも世界中どこでも保障される国際人権基準が LGBT に対して保障されるために，具体的にどのような課題があるのだろうか。

　国連では，LGBT の権利を保護する国家の中核的義務を，①ホモフォビア，トランスフォビアによる暴力からの保護，②拷問および他の残虐な，非人道的な，または品位を傷つける取り扱いの防止，③同性愛を刑罰とする法律の廃止，④性的指向および性自認にもとづく差別の禁止，⑤LGBT の表現，結社，平和的な集会の自由の保護の５つから説明している。

　この「④性的指向および性自認にもとづく差別の禁止」のなかに「雇用における差別」も含まれている。性的指向による採用差別，言葉のハラスメント，性的指向および性自認を理由とする解雇や昇進差別，福利厚生の不適用など職場における権利侵害や，医療，教育，住居，表現の自由および集会結社の自由，同性カップルの婚姻などに対する法的および社会的差別が指摘されている。

　これら現実の課題を受けて，LGBT が国際的に認められた人権を有するとはどういうことであろうか。国際社会は，性的指向，性自認にかかわらず，すべての人は国際人権法に規定された自由権および社会権の保護を享受されていることを繰り返し確認している。LGBT は生命への権利および身体の安全への権利を有している。ゆえに，性的指向を理由に，暴力を受け，刑罰に処されることは許されない。また，このような迫害を受ける LGBT の亡命および難民手続きは認められるべきである。また，LGBT はプライバシーへの権利を有している。ゆえに，プライベートで，同性間で合意のうえでの性的関係を有することを刑罰で処されたり，恣意的に干渉されたりすることはあってはならない。LGBT がこのような人権を有していることは，立法，行政，司法に関係した公的な場面であっても，対企業との場面であっても変わらない。

4 ビジネスと LGBT の人権

　企業は国際的な人権基準を尊重する責任を負い，また促進する役割を担うが，

97

第Ⅱ部　社会関係と法

LGBT の権利の保障においてどのような取り組みが求められるのだろうか。

■ 職場，市場，地域社会における LGBT の課題

　「ビジネスと人権」の視点から考えると，LGBT それぞれで，またステークホルダーそれぞれで，直面する課題の内容は異なる。ここでは，ステークホルダーを場面ごとに，すなわち，職場（労働者），市場（消費者，取引先，投資家），地域社会（地域住民）の３つに分類して考察する。

　第１に，職場の課題を考えてみよう。採用段階では，トランスジェンダーが戸籍上や外見上の性別と自認する性別が異なることにより困難に直面している。たとえば，履歴書などにおける男女の性別選択（自認する性を選択できず），就職活動でのリクルートスーツの着用などである。また，LGBT に共通の課題としては，面接時に差別やセクシュアル・ハラスメントに当たる性や結婚，恋愛に関する質問がなされたり，自身の性的指向や性自認について話したところ不当な評価を受けたりといった被害が生じている。

　労働者として勤務が始まると，たとえば，職場におけるトイレや更衣室，制服，健康診断の受診など男女別に設けられている設備や制度が多く，トランスジェンダーに対する合理的配慮（性同一性障がいの診断書の有無にかかわらず対応するのが望ましい）が必要となる。また，福利厚生などの社内制度は法律婚を前提としたものであるため，同性カップルの場合，育児休暇，扶養手当，家族手当，見舞金・慶弔金などの福利厚生の利用が困難になってしまっている。LGBT に対するセクシュアル・ハラスメントや差別的言動の課題もある。

　第２に，市場の課題を考えてみよう。消費者としては，性的マイノリティに対する商品・サービスの提供の許否がある。同性カップルの場合に，ホテルのダブルルームが予約できない（これは旅館業法上も違反），生命保険の加入の際に受取人にパートナーを指定できない，また異性婚を前提とした商品設計・広報を展開するなど，社会的に排除された感覚を受けてしまう。また，取引先との付き合いのなかで性的マイノリティへの差別的言動に苦しんだり，性的マイノリティであることが知られた後に取引先の担当者から外されたりという事例がある。

　第３に，地域社会の課題を考えてみよう。これまでは企業における侵害事例

Chapter7 企　業

を取り上げてきたが，地域社会では LGBT の権利保障を促進する企業の役割を取り上げたい。「東京レインボープライド」や「関西レインボープライド」は，LGBT をはじめとする性的マイノリティが，差別や偏見にさらされることなく，より自分らしく，前向きに生きていくことができる社会の実現をめざすイベントの総称である。このイベントにはスポンサーやブース参加も含めると実に多数の企業が参加をしている。もちろん，自社の事業のなかで LGBT が侵害されないことの確保が最優先課題だが，社会に対し LGBT のサポートを表明することも重要である。

② 国際的な取り組みへの LGBT の視点の導入

　国連グローバル・コンパクトや指導原則などにおいて，国際人権基準を尊重する企業の責任が認められてきたことは大きな前進であるが，一方で課題も指摘されてきた。そのひとつが社会的弱者への視点である。たとえば，国連グローバル・コンパクトでは10原則から派生した「女性のエンパワメント原則（WEPs）」や「子どもの権利とビジネス原則」，「国連先住民族の権利宣言に関するビジネス参照ガイド」などの当事者別の原則およびガイドラインを作成することで補完してきた。また指導原則では，状況に応じて，特別な配慮を必要とする社会的弱者に対しての悪影響に注意するよう触れ，国連文書のある先住民族，女性，民族的または種族的，宗教的，言語的少数者，子ども，障がい者，および移住労働者とその家族を明記する。このように，社会的弱者について言及し個別の配慮を求めるものの，社会的弱者の多様性は十分に反映できず，LGBT は明記されていない。

　LGBT が普遍的な国際人権を有すること，さらに LGBT に特有の課題と人権基準の内容が少しずつであるが明確化されてくるにつれ，企業に対する責任としての議論も起こりつつある。国連グローバル・コンパクトでは，グローバル・コンパクトに参加する企業とステークホルダーが課題について学び対話をする場としてオンライン会合 Webinar を開催してきた。2013年7月および2015年2月に「LGBT の平等と人権におけるビジネスの役割」をテーマに会合が行われた。2015年会合では，GE からの取り組み事例とともに，ブラジルのNGO が開発したガイドラインの紹介も行った。企業は，国連グローバル・コ

99

ンパクトの人権原則のもと，LGBT の職場における平等など人権を尊重する消極的責任を負うとともに，同性カップルの婚姻を支援するなど追加的な積極的役割を果たすよう期待されていることを確認している。

❸ 企業活動における LGBT の権利の実現

　グローバル化した世界で事業を展開する企業は，その社会的影響にともなう責任として，国際的な人権基準に合致した行動を求められてきた。国際社会において LGBT の権利への関心が高まり，その内容が明確化されつつあるなかで，企業はそのステークホルダーである LGBT の権利を，職場，市場，地域など，その事業活動全体のなかで尊重する責任と促進する役割を担っている。

(1)　職場における LGBT の権利の尊重

　雇用および職場において LGBT に対する差別をなくし，その人権を尊重するには，まず会社として LGBT に対する差別・人権侵害を認めないという強い姿勢を方針（ポリシー）として示すことが第一歩となる。LGBT の権利保障に取り組む NGO ヒューマンライツキャンペーンの第14回目となる「Corporate Equality Index 2016」調査によると，フォーチュン500に選ばれた米国企業のうち，企業方針で掲げる差別禁止項目に「性的指向」を挙げる企業が93％，「性自認」を挙げる企業が75％に及んだ。日本に目を向けると，東洋経済社が発行する『CSR 企業総覧（2016年度版）』において，LGBT に対する基本方針があると回答した企業は173社であった。本総覧には1325社が掲載されており，方針を有する企業は13％である。米国と日本の調査結果を単純に比較することはできないが，日本企業の一層の取り組みが望まれる。とはいえ，日本企業のなかにも，方針の設定に加え，LGBT の権利尊重に関する社内研修の実施，採用面接での服装の柔軟化，トランスジェンダーに対する通称使用やトイレやロッカーの使用の柔軟な対応，多目的トイレの設置，同性カップルに対する結婚お祝い金などの福利厚生の適用などに取り組む企業が登場してきている。これらの取り組みが「先進的企業の取り組み」ではなく「企業のグッド・プラクティス」として裾野が広がっていくことが期待される。

(2)　市場における LGBT の権利の尊重と促進

　LGBT である消費者に対し商品やサービスの提供を拒否す

Chapter7 企 業

るような差別行為は当然ながら禁止されなければならないが，さらにもう一歩
進んで LGBT への支援を表明する事業を展開する企業も現れ始めた。飽和す
る国内市場の最後のフロンティアとしての LGBT の消費動向に注目する「レ
インボー消費」という用語も登場し，評価は難しさもともなうが，同性カップ
ルがパートナーを受取人に指名することができる生命保険が登場し，同性カッ
プルの結婚式をプロデュースするビジネスが広がっている。渋谷区で始まった
パートナーシップ証明書の発行を受け，LGBT により開かれた不動産業など，
人権尊重の実行が広がっていくことが望まれる。

　世界へ目を向けると，企業の社会的責任として，女性や少数民族などマイノ
リティが経営する事業者との取引を優先する「サプライヤー・ダイバーシ
ティ」という取り組みが広く行われている。そのような背景もあり，米国では
LGBT の会社経営者を支援するための商工会議所「国家ゲイおよびレズビアン
商工会議所」が発足し，LGBT が経営している企業（LGBT Business Enterprises）
であることを認証する第三者機関が設立されるなどの展開がみられる。

(3)　地域社会における LGBT の権利の促進

企業が LGBT の啓発や支援の
キャンペーンに参画するなどの
取り組みはすでに紹介した。ここでは，一歩進んで，LGBT の差別の撤廃，そ
して権利保障に向けた政策提言を行う企業の活動を紹介したい。

　2016年3月にノースカロライナ州で出生証明書と同じ性別の公衆トイレを使
うよう求める州法が可決された。なお，この州法は違憲であるとして米国司法
省はノースカロライナ州を提訴するに至っている。法案成立を受けて，ノース
カロライナ州知事に対して，州法に反対する企業経営トップによる署名レター
キャンペーンが展開されている。NGO が主導するキャンペーンではあるが，
現在160を超える有力企業の最高経営責任者（CEO）が参加している。レター
のなかでは，LGBT の保護を後退させる州法に対して懸念を示すとともに，州
法は自分たちの企業が有する価値を反映していないもので，自社の労働者に
とってもビジネスにとっても悪影響を与えるものであるうえ，観光，ビジネス，
そして経済活動の地としてのノースカロライナの魅力を失わせるものであると
する。最後に，次会期において当該州法の廃止に向けたリーダーシップを州知
事に対し強く求める内容となっている（脱稿後の2017年3月に本州法を撤回する代

IOI

第Ⅱ部　社会関係と法

賛法案が可決された。しかし代賛法案には依然として差別が残るとして批判が続いている）。

5　おわりに

　企業担当者から「弊社の職場には……」という疑問の声がいまだにあがることがある。LGBT は職場にいないのではなく，可視化されていない状態にあるのであり，職場のなかで「働きづらさ」を抱えている。筆者は2013年に NPO 虹色ダイバーシティから協力を得て，「人権 CSR ガイドライン：性的マイノリティの権利」を作成した。職場においてまず取り組むべき 4 項目を次のように定めた。

① 　人権方針や差別禁止規定のなかに，性的マイノリティの権利の尊重または性的指向・性自認による差別の禁止について明示していますか。
② 　昨年度から現在までで，何らかの性的マイノリティに関する人権教育（研修）またはイベントを開催または支援しましたか。
③ 　性的指向や性自認に関する問題に取り組む部門，または，当事者からの相談に対応する部門はありますか。
④ 　同性のパートナーがいる社員が利用できる福利厚生はありますか。

　LGBT への取り組みは「今後の課題」なのではなく，「すでに直面している課題」なのである。職場はもちろん，市場，地域社会といったバリューチェーン全体が，企業の人権尊重・促進の対象であることを，今一度認識する必要があろう。

📖 文献案内
柳沢正和・村木真紀・後藤純一，2015,『職場の LGBT 読本』実務教育出版.
　職場における LGBT の権利に焦点が当てられ，基本的な知識や背景も書かれた入門書。

【菅原絵美】

学校教育

「性の多様性」学習の保障に向けて必要なこととは？

1 はじめに

　学校とは，子どもたちが自分自身のセクシュアリティと向き合い始めるころに，多くの時間を過ごす場である。学校で形成される子ども同士および大人との人間関係は，そこでの学びと同等に，もしくはそれ以上に，子どもたちにとって重要なものである。セクシュアリティはその関係性や，関係づくりのプロセスに大きな影響をもつ。またそこでの学びは，自分自身を社会のなかにどう位置づけ，これからどう生きていくかという展望をもつ際に，強い影響力をもつ。

　そのような学校という場で，さまざまなセクシュアリティの子どもたちは何を学び（または何を学ばず），どのような関係性のなかで，どのような自己を形成していくのだろうか。特に性的マイノリティの子どもたちは，そこでどのような展望を抱くのだろうか。どのような困難に直面しているのだろうか。

2 学校現場で何が起こっているか

1 性的マイノリティの子どもの実態

　私たちの多くは身体や感情の成長・発達，他者との関係性の変化や制度のなかで，自己の性と向き合いセクシュアリティを形成していく。性別二元制および異性愛中心主義が強く根づいている社会では，身体の性別に違和感のないシ

第Ⅱ部　社会関係と法

スジェンダーかつ異性愛の多数派の人々は，自分が「普通」と位置づけられるために自己のセクシュアリティについて深く考える必要なく，日常を過ごすことができる。

　一方，性的マイノリティの人々はある発達段階で自己のセクシュアリティに「気づく」ことがある。

　性同一性障がいの人が性別の違和感を自覚し始めた時期は，小学校入学以前が56.6%（MTF 33.6%，FTM 70.0%），小学校低学年が13.5%（MTF 15.5%，FTM 12.4%），小学校高学年が9.9%（MTF 13.0%，FTM 8.0%），中学校が9.7%（MTF 17.2%，FTM 5.3%），高校生以降が7.9%（MTF 17.9%，FTM 2.0%）と，多くの人が小学校入学前後を挙げている（中塚 2013）。

　また，同性愛（男性）に「なんとなく自覚」したのは13.1歳，「異性愛でないかも」と感じたのが15.4歳，「ゲイをはっきりと自覚」したのが17.0歳と，性的指向に関しては思春期のころが示されている（日高ほか 2002）。

　これらの「気づき」を経た後，「思春期危機」に直面する人が少なくないことをいずれの調査も示している。性同一性障がいの人では，自殺念慮が58.6%，自傷・自殺未遂が28.4%，不登校が29.4%，精神科合併症が16.5%と，自殺に関することと不登校が高い率でみられる。

　同性愛・両性愛男性でも，自殺念慮が65.9%，自殺未遂が14.0%と，セクシュアリティを問わない調査よりも高率となっている（日高ほか 2005）。

　これらの危機の要因として，自身の違和感に悩むだけではなく，他者からの差別行為，いじめを経験していることが大きな問題として挙げられる。特に「男らしさ」から外れた男子に対する深刻かつ長期的ないじめが顕著にみられることが指摘されている（遠藤 2014）。

　また，同性愛・両性愛男性に対する調査（10代）では，学校教育（授業など）において同性愛について「一切習っていない」人が54.2%，「異常なもの」として情報を得た者が6.1%，「否定的な情報」を得た者が17.3%，「肯定的な情報」を得た者が18.2%と示されている（日高ほか 2008）。つまり，性的マイノリティが自己のセクシュアリティに気づき，他者との関係性のなかで危機に直面する学齢期に，自分自身のセクシュアリティについて肯定的な情報を得られなかった者が8割以上いるというのが現状である。

Chapter⑧ 学校教育

❷ 教職員の知識，意識

日本性教育協会による「青少年の性行動全国調査」では，「性的マイノリティ（同性愛，性同一性障がいなど）」を学校で教わったことがあると答えた生徒は，中学生男子7.1%，中学生女子5.3%，高校生男子19.2%，高校生女子15.1%，大学生男子41.7%，大学生女子41.9%と，学習内容の自由度が高い大学では4割以上の学生が学習しているものの，性的マイノリティの子どもたちが思春期危機に直面しやすい中学校段階ではほとんど学習されていないことが示されている（日本性教育協会編 2013）。

全国から6自治体，約6000人の教員を対象とした調査では，性的マイノリティの子どもたちと関わった経験があると答えた人は，「同性愛について」が7.5%，「性同一性障がいについて」が11.9%と非常に少ない。また，「同性愛は精神的な病気のひとつだと思いますか？」という質問に「そう思わない」と答えた教員は66.2%だったものの，「わからない」が25.1%，「そう思う」が5.7%いた。「同性愛になるか異性愛になるか，本人の選択によるものだと思いますか？」という質問では「そう思う」が38.6%と最も多く，「わからない」が32.8%，「そう思わない」が25.4%となっており，多くの教員が誤解もしくは無知であることが示されている（日高 2015）。

一方，1980年代後半から性教育に「性の多様性」の学習を取り入れてきた民間研究団体である一般社団法人"人間と性"教育研究協議会（性教協）の会員調査では，学校の授業などで「性の多様性」を取り扱ったことがある人は，小学校28.6%，中学校33.8%，高校14.3%，特別支援学校6.5%であり，そのうち「授業の主テーマ」として扱ったものは32.4%であった。これは先の全国調査よりも明らかに多い（渡辺 2016）。

子どもたちが性の多様性について学習していないように，教職員も学習しないまま大人になり，教員養成のカリキュラムでも必須の学習内容として位置づけられていないため，これについて知識もなく教育技術もないままに教職員になっている。そのような教職員には学校現場で学習の機会を作ることは難しい。一方で，「性の多様性」について学んでいる教職員には，授業などで取り扱うことができている人が多い。つまり，教職員にとっても学習の機会の保障が重要であることがわかる。

第Ⅱ部　社会関係と法

3 子どもたちの知識・意識

　前節では，子どもたち（大人も含む）の学習の機会が保障されていないことを述べたが，そのために子どもたちは「性の多様性」について何も知らないということではない。子どもたちは小さいころから「ホモ」「オカマ」「レズ」「おとこおんな」などの言葉を「キモイ」という言葉とともに，からかい，いじめ，差別の言葉として使っている。つまり「普通」ではない性のあり方は排除されるべきものであるという理解をすでにしているのである。

　東京都のある公立中学校の中学2年生への調査（2015年，筆者による調査）では，「性同一性障がい」という言葉を知っている生徒は63％いたが，「同性愛と性同一性障がいの違い」を説明できないと答えた生徒は81％もいた。また，同性愛は医学的な病気ではないと答えた生徒は27％で，66％の生徒がわからないと答えた。一方，「異性愛」という言葉を知っていると答えた生徒は50％だけであった。「ホモネタ」や「オカマネタ」を友だちとの会話のなかで聞いたことがあると答えた生徒は57％おり，「ホモネタ」や「オカマネタ」で笑ったことがあると答えた生徒は54％だった。さらに，同性愛や性同一性障がいの友だちや知り合いがいると答えた生徒は4％だけであった。

　つまり，生徒たちは性的マイノリティに関する言葉はある程度知っているが，それが意味することはよく理解しておらず，性的マイノリティは「身近な存在」とは認識されていない。さらに異性愛の生徒は自分自身のセクシュアリティの名称を知らないほどに，シスジェンダーかつ異性愛を「普通」として位置づけ，不問のものとしている。このように曖昧な知識しかもっていないにもかかわらず，日常の「笑い」のなかで性的マイノリティの存在を見聞きし，または使用することで「キモイ」というイメージで「知ってるつもり」になっているという状況を再生産しているというのが現状である。そしてそのように学習してしまった「知識」によって差別やいじめといった暴力が繰り返されているのである。

Chapter⑧ 学校教育

3 カリキュラムのなかの性の学習，性の多様性についての学習

■ 学習指導要領における「性の多様性」の位置づけ

　日本の教育は日本国憲法の下，教育基本法によって教育の目的などが定められ，学校教育法や学校教育法施行規則などの法令によってその制度を定めている。その下で文部科学省によって教育内容の基準として告示されるものが学習指導要領である。

　この学習指導要領が最初に作成された1947年当初は教員の「手引き」として位置づけられていたが，1958年の改定および告示のときから文部省（当時）は「法的拘束力」をもつと主張した。学習指導要領の性格については，最小限度の基準，つまり「大綱的基準」であるとする判例（最高裁・1976（昭和51）年5月21日・判決），また，「学習指導要領の定め」を一定認める判例（最高裁・1990（平成2）年1月18日・判決）があった。その後，2003年からの，東京都立七生養護学校（当時）における障がい児への性教育に対する東京都教育委員会や都議などによる攻撃をはじめとした「性教育バッシング」に関する裁判では，学習指導要領は「法規としての性質を有すると解する」としつつも「学習指導要領の基準性」および「その一言一句が拘束力すなわち法規としての効力を有するということは困難」で，特に性教育については「教育を実践する者の広い裁量に委ねられ」ることを述べた判決（東京高裁・2011（平成23）年9月16日・判決）が出された。

　新しい学習指導要領（2017年告示）において，性（セクシュアリティ）に関する記述があるのは，主に小学校の「体育」，中学校および高等学校の「保健体育」である。

　小学校「体育」（第3学年および第4学年）の「保健」に「体は，思春期になると次第に大人の体に近づき，体つきが変わったり，初経，精通などが起こったりすること。また，異性への関心が芽生えること」が学習内容として示してある。「小学校学習指導要領解説　体育編」（2017年）には，「思春期には，初経，精通，変声，発毛が起こり，また，異性への関心も芽生えることについて理解できるようにする。さらに，これらは，個人差があるものの，大人の体に近づ

107

第Ⅱ部　社会関係と法

く現象であることを理解できるようにする」とある。これまでの，「異性への関心」は「だれにでも起こる」という記述は削除された。

　中学校「保健体育」（保健分野）には「思春期には，内分泌の働きによって生殖にかかわる機能が成熟すること。また，成熟に伴う変化に対応した適切な行動が必要となること」という内容とともに，その「取扱い」として「身体の機能の成熟とともに，性衝動が生じたり，異性への関心が高まったりすることなどから，異性の尊重，情報への適切な対処や行動の選択が必要となることについて取り扱うものとする」と示してあり，こちらも「異性への関心」のみの記述である。

　以上のように，学習指導要領には「個人差」という言葉はあるものの，性的マイノリティや性の多様性に関わる記述はなく，いずれも性別二元制および異性愛中心主義にもとづいたものとなっている。

❷ 検定教科書

　このような「学習指導要領」に沿って編纂，検定が行われ，発行されている小学校および中学校の「体育」「保健体育」の検定教科書においても，性の多様性や性的マイノリティに関わる記述は，「性感染症」「エイズ」を扱う単元も含め皆無である。

　また，2015年3月の学習指導要領の一部改正によって「特別の教科」として位置づけられた「道徳」では，その目標に「それぞれの個性や立場を尊重」することが掲げられているにもかかわらず，文部科学省が「道徳教育用教材」として制作，発行する『私たちの道徳（中学校）』（2014年）では，「異性を理解し尊重して」をテーマとしたページに「好きな異性がいるのは自然なこと」と記載されている（同68頁）。この記述から生徒たちは「好きな同性がいるのは不自然なこと」や「好きな人がいないのは不自然なこと」といったことを読み取り，学習してしまう可能性が十分にあり（隠れたカリキュラム），セクシュアリティに関する「それぞれの個性や立場を尊重」といった目標を達成できるものになっていない。

　2012年に検定を通り，性の多様性や性的マイノリティについての記述がある教科書は，一部の高等学校「家庭科」のものである（開隆堂『家庭総合　明日の

Chapter⑧ 学校教育

生活を築く』や実教出版『新家庭基礎21』など）。2001年の教科書検定時にはフランスのパックス（PACS）や「同性同士のカップル」「多様な家族」についての記述がもっと多くの家庭科教科書にみられたが，前述の「性教育バッシング」を境に，その後の検定ではそれらの記述が削除されるようになった（渡辺2006；加藤・渡辺 2012）。

このように，シスジェンダーおよび異性愛以外の存在は不在もしくは「不自然」だとして排除されており，それを子どもたちは「隠れたカリキュラム」として無意識的に学習してしまう可能性がある。それにより，子どもたちがすでにもっている偏見や差別感情は修正されることなく温存され，自分自身について学ぶ機会のない性的マイノリティ当事者の子どもたちは自己否定を繰り返すこととなる。

ただし，2017年度から使用される高校家庭科のほか，地理・歴史，公民の教科書にも，家族の多様性や性の多様性，「LGBT」に関する内容が掲載されるようになるなど，今後の変化の兆しもみられる。

4 公的機関における性的マイノリティをめぐる教育への対応

■ 日本の動き

1994年の国連総会において，1995年から2004年までの10年間を「人権教育のための国連10年」とすることが決議され，それを受けて日本でも1996年に，「人権教育のための国連10年」に関する国内行動計画が公表された。2000年には「人権教育及び人権啓発の推進に関する法律」が制定され，「学校，地域，家庭，職域その他の様々な場」を通じて「人権尊重の理念に対する理解を深め，これを体得する」ための「多様な機会の提供」が国や地方公共団体の責務とされた。

それに先立つ1990年，「動くゲイとレズビアンの会」（通称「アカー；OCCUR」）が東京都府中青年の家を利用した際，他の利用団体から差別行為を受け，1991年には当該施設および東京都教育委員会からその後の利用を拒否されたことから，1992年にアカーが東京都に対して提訴した。1997年の第二審（東京高等裁判所）において，「青少年に対しても，ある程度の説明をすれば，

109

第Ⅱ部　社会関係と法

同性愛について理解することが困難であるとはいえない」「都教育委員会を含む行政当局としては，その職務を行うについて，少数者である同性愛者をも視野に入れた，肌理の細かな配慮が必要であり，同性愛者の権利，利益を十分に擁護することが要請されているものというべきであって，無関心であったり知識がないということは公権力の行使に当たる者として許されないことである」との判決が出てアカーが勝訴し，教育行政等の責務が言明された。

　一方，2001年，テレビドラマ『3年B組金八先生』で性同一性障がいをもつ生徒が登場したことで，これを視聴した学校教育関係者に性の多様性が学校教育の課題であることを広く認知させた。また2003年には「性同一性障害者の性別の取扱いの特例に関する法律」が成立し（翌年施行），「性同一性障害」が広く社会に認知されるようになった。

　このような状況のなかで，2002年に閣議決定された「人権教育・啓発に関する基本計画」では，「各人権課題」の「その他」に「同性愛者への差別といった性的指向に係る問題」が明記され，その後の法務省・文部科学省『人権教育・啓発白書』でも「性的指向」および「性同一性障害者」の人権問題の項目が立てられている。

　2006年には兵庫県の「小学2年の男児」が「女児として」通学している事例が新聞等で報道され，その後それに類似した事例が紹介されるようになり，当事者団体等も性同一性障がいをもつ子どもたちへの教育的支援の必要性を訴えるようになった。

　これらの流れを受ける形で，2010年に文部科学省は「児童生徒が抱える問題に対しての教育相談の徹底について（通知）」を各地方自治体，教育委員会等に出し，性同一性障がいの児童生徒について「各学校においては，学級担任や管理職を始めとして，養護教諭，スクールカウンセラーなど教職員等が協力して，保護者の意向にも配慮しつつ，児童生徒の実情を把握した上で相談に応じるとともに，必要に応じて関係医療機関とも連携するなど，児童生徒の心情に十分配慮した対応」を求めた。

　また，その間にも性的マイノリティの若者の思春期危機等の調査が行われ，その困難が明らかにされたことにより，2012年に閣議決定された「自殺総合対策大綱〜誰も自殺に追い込まれることのない社会の実現を目指して〜」におい

Chapter ⑧ 学校教育

て、「自殺念慮の割合等が高いことが指摘されている性的マイノリティについて、無理解や偏見等がその背景にある社会的要因の一つであると捉えて、教職員の理解を促進する」と明記された。

2013年には文部科学省が「学校における性同一性障害に係る対応に関する状況調査」を全国の国公私立の小学校、中学校、高等学校、特別支援学校等を対象に行い、翌2014年に結果を報告した。そこでは「性同一性障害に関する教育相談等」として606件の報告があり、そのうち特別な配慮有りの事例が約6割という状況であった（当該調査は、「児童生徒が望まない場合は回答を求めないこととしつつ、学校が把握している事例を任意で回答するものであり」、「実数を反映しているものとは言えない」としている）。

この実態調査をもとに、2015年4月には、文部科学省が「性同一性障害に係る児童生徒に対するきめ細かな対応の実施等について」という通知を出した。この通知の特徴は、第1に、「悩みや不安を受け止める必要性は、性同一性障害に係る児童生徒だけでなく、いわゆる『性的マイノリティ』とされる児童生徒全般に共通するものである」と支援の対象をこれまでの「性同一性障害に係る児童生徒」から「性的マイノリティ」全般に拡大したことである。第2に、「学級・ホームルームにおいては、いかなる理由でもいじめや差別を許さない適切な生徒指導・人権教育等を推進すること」「学校においては、日頃より児童生徒が相談しやすい環境を整えていくこと」を求め、性的マイノリティの子どもたちへの個別的支援だけではなく、そういった子どもたちの顕在化の有無にかかわらず、すべての子どもに対する人権学習の機会を創出していく必要性が明記されたことである。

この通知をふまえ、文部科学省は2016年4月1日に「性同一性障害や性的指向・性自認に係る、児童生徒に対するきめ細かな対応等の実施について（教職員向け）」という教職員向けの周知資料を公表した。この資料の大きな特徴は、「Sexual Orientation（性的指向）と Gender Identity（性自認）」（SOGI）といった用語の説明が記載され、そのなかで、これまでの文科省文書にはみられなかった「同性愛」「両性愛」といった言葉も記された。ただし、Q&A形式で掲載されている事例対応については、12項目中11項目が「性同一性障害」にかかわる個別的配慮に関するもので、性的指向に関するものは最後の1項目、しかも、人

111

権教育として性自認や性的指向について取り上げる際，子どもたちの発達段階をふまえ慎重な配慮をすること，「性に関する教育の基本的な考え方や教育の中立性の確保」の要請のみとなっている。

これまで述べてきたことをふまえると，現在の教育は「シスジェンダーかつ異性愛」に偏っているものであり，したがって「発達の段階を踏まえた影響」に配慮し，「教育の中立性の確保」をするのであれば，小学校入学前からさまざまなセクシュアリティを対等平等に取り扱うことが求められることとなるはずである。

2017年には，文科省「いじめの防止等のための基本的な方針」の改定により，「性同一性障害や性的指向・性自認に係る児童生徒に対するいじめを防止するため，性同一性障害や性的指向・性自認について，教職員への正しい理解の促進や，学校として必要な対応について周知する」と記載された。

以上のように，日本では1990年代から教育行政等の責務がいわれ，「人権教育」の枠組みにおける教育・啓発や支援の必要も法的に位置づけられている。それに沿って具体的支援やそれへの意識は広がりつつある。しかし，それらは当事者個人への支援が中心で，学校および社会全体での教育・啓発活動はまだ緒に就いたばかりであるのが現状である。それらの活動を広く深く展開していくためにも，こういった周知資料の公表を契機に，子どもを保護する大人が学習をする機会の創出が喫緊の課題である。

❷ 世界の動き

2006年，インドネシアのジョグジャカルタにおいて，「性的指向および性自認に関連する国際人権法の適用に関するジョグジャカルタ原則」（通称「ジョグジャカルタ原則」）が国際法律家協会や元および現国際連合人権委員会構成員，有識者たちによる会議で議論および採択され，2007年に国際連合人権理事会で承認された。これは，性的マイノリティに関する国際人権法上の諸原則をまとめた初の文書とされている（谷口 2007）。ここには性的マイノリティの「人権の普遍的享受への権利」をはじめとして，「万人は性的指向や性自認により差別されることなく，しかもその者の性的指向や性自認に考慮された教育を受ける権利を有する」といった「教育への権利」と，国家によるその責務が明記さ

Chapter⑧ 学校教育

れた。

　2009年には，UNESCO（国際連合教育科学文化機関）を中心に，UNAIDS（国連合同エイズ計画）と UNFPA（国連人口基金），UNICEF（国際連合児童基金），WHO（世界保健機関）との共同で，「国際セクシュアリティ教育ガイダンス」（International Technical Guidance on Sexuality Education）が開発され，「セクシュアリティは人間の生涯にわたる基本的な要素」であること，「多様性は，セクシュアリティの基本である」ことを基本理念に性教育を創造していく必要があることを述べている（UNESCO 編 2017）。

　また2011年には，UNESCO で「同性愛嫌悪によるいじめと万人のための教育に関するリオ宣言（Rio Statement on Homophobic Bullying and Education for All）」が採択された。ここでは，あらゆる国の学校，教育機関，若者，地域，政策立案者や政府が，同性愛嫌悪によるいじめの負の連鎖を防止し，すべての（セクシュアリティの）人が教育への普遍的権利を享受できるよう，環境整備の必要性とその責任を明示した。

　翌2012年に UNESCO は「同性愛嫌悪によるいじめに対する教育部門の対応（Education Sector Responses to Homophobic Bullying）」（GOOD POLICY AND PRACTICE IN HIV AND HEALTH EDUCATION，BOOKLET 8）と，「教育施設における同性愛嫌悪によるいじめの報告（Review of Homophobic Bullying in Educational Institutions）」を発表した。ここでは，セクシュアリティをめぐるいじめの問題がなぜ教育における重要なテーマになるのか，そこにどのようにアプローチしていけばいいのかなどが書かれている。

　そして，2016年に伊勢志摩サミット（主要国首脳会合）に関連して開催されたG7倉敷教育大臣会合では，「教育によって，基本的な価値観である生命の尊重，自由，民主主義，多元的共存，寛容，法の支配，人権の尊重，社会的包摂，無差別，ジェンダー間の平等を促進するとともにシティズンシップを育成すること」を重視した G7教育大臣の行動指針である「倉敷宣言」を採択した。ここでは，「教育における多様性の尊重」において，「困難な状況にいる子供や若者」として「性的指向や性自認を理由とした差別に苦しんでいる子供」が挙げられ，すべての子どもや若者の「個別性や多様性が尊重され」るような「教育環境を実現すること」が約束された。

113

第Ⅱ部　社会関係と法

　以上のように，国際連合およびその専門機関などでは，性的マイノリティ支援および性の多様性を前提とした包括的性教育を，学校教育の重要な課題として位置づけている。

5　これからの学校と教育の課題

■1 教育の効果

　これまで述べてきたように，性同一性障がいをはじめとして性的マイノリティの子どもたちへの個別的な支援が行われるようになり，その必要性に関する認識も教育行政および学校現場で広がりつつある。

　一方で，先にみたように，性別二元制および異性愛中心的ではなく，UNESCO 等で推奨されているような，性的マイノリティも含むすべてのセクシュアリティの子どもたちが自分自身について学ぶことのできる包括的性教育の実践は，ほとんど行われていない。

　実際，「同性愛について教える必要があると思う」教員は62.8％，「性同一性障害について教える必要があると思う」教員は73.0％にものぼる（日高 2015）。多くの教員がその必要性を感じているにもかかわらず，それを行うだけの基盤が不十分であると考えられる。

　そのような状況でも，性の多様性を扱う授業が，性教協をはじめ日本各地で草の根的に行われ，その成果を積み上げている。

　先に紹介した東京都のある公立中学校では，人権教育として道徳や総合的な学習の時間を使って，中学2年生で「性の多様性」をテーマとした授業を実践している。教科書や副読本にはこれらの内容は掲載されていないため，この授業では支援団体等が制作した DVD や資料，雑誌・新聞記事等を教材として使用し知識を獲得させるとともに，性的マイノリティ当事者をゲスト講師として呼び，生徒たちとの対話を作り出すことで理解を深められるよう設計されている（渡辺・樋上・片岡 2016）。

　このような授業実践の結果，次のような成果がみられた。たとえば，「同性愛は医学的な病気である」という質問に「正しくない」と答え，「同性愛と性同一性障害の違いを説明できる」に「はい」と，「同性愛の人を異性を好きに

Chapter⑧ 学校教育

なるように治す必要はない」に「正しい」と答えた生徒が授業前よりも増え，「性の多様性」を理解するのに適切な知識を獲得することができた。

またこのような知識獲得だけではなく，授業後に生徒たちが新任教員に「性の多様性」について教えていたり，性的マイノリティ当事者の生徒が授業担当の教員にカミングアウトの手紙を渡したり，クラスで性的マイノリティ当事者の生徒がカミングアウトした際に，カミングアウトを受けた生徒が「他の学校の人は引くかもしれないけど，俺たちはちゃんと勉強したから普通に聞けた」といっていたりといった反応もみられた。

別の学校では，ゲスト講師を迎える人権教育の特別授業の前に，学年の教員集団でもゲスト講師を呼んだ学習会を開き，教員の理解を深めていたため，性同一性障がいをもっているかもしれない生徒が入学してくることがわかったときにも，丁寧に対応ができたという。

また，子どもたちの授業の感想を「保健だより」等に掲載して配布したり，授業を受けた生徒が直接保護者に授業の感想を伝えたところ，そのような授業を自分も受けてみたいといった感想を子どもに伝えた保護者もいたなど，生徒にとって大きな学習の成果を得ることのできた授業が，保護者にも好意的に伝わったりもした（いずれも筆者との共同研究における実践）。

さらには，愛媛県の西条市立丹原東中学校が，2014年度および2015年度の文部科学省人権教育研究指定校として，地域とも連携しながら全校をあげて性の多様性に関する学習を進め，大きな成果をあげている。

こういった実践が，先の文部科学省の通知や周知資料の公表を契機に，今後も増えていくことが望まれる。

❷ 学校と支援団体，および教育行政とのネットワーク

現在，このような授業での使用を目的とした教育資材が，いくつかの支援団体および行政機関によって制作・配布されるようになり，ゲスト講師の派遣も含め広がりをもちつつある。

たとえば，性的マイノリティの若者が安心して集うことのできるコミュニティセンターを横浜に開設・運営している特定非営利活動法人SHIPは，神奈川県教育委員会教育局と協働事業の協定書を締結し，開発した教育資材（ポス

第Ⅱ部　社会関係と法

ターやチラシ，DVD など）を神奈川県内の学校に配布したり，出張授業や行政職員・教職員の研修のための講師派遣をしたりなど，教育行政と連携した支援を先駆的に実践している。

　先に紹介した丹原東中学校も，地域の支援団体や公民館，教育行政との連携を大事にした教育実践のひとつである。

　また2015年4月には，法務省人権擁護局および公益財団法人人権教育啓発推進センターの企画により，「性的マイノリティについて人権の視点で理解を深めるのがねらい」とした人権啓発ビデオ『あなたが　あなたらしく生きるために　性的マイノリティと人権』（監修：日高庸晴，制作：東映株式会社）が公開，発行された。

　このような学校や支援団体，および教育行政との連携をもった取り組みを，全国的に広めていく必要がある。

6 おわりに

　これまで述べてきたように，日本における性的マイノリティの子どもたちの教育的支援は緒に就いたばかりといえよう。今後このような支援，教育を充実させていくためにも，以下のような課題に取り組む必要がある。

　第1に，教職員研修（校長，養護教諭含む）や教育行政職員研修（文科省，教育委員会など）の実施である。まずは子どもたちと直接向き合う教職員が適切な知識と理解をもたなければならない。校長など管理職のリーダーシップも重要である。このような機会を教育行政が責任をもって積極的に作っていく必要がある。

　第2に，性の多様性に関する学習内容，指導方法の提示，さらに性教育および人権教育の時間の確保といった環境整備である。学習指導要領や教科書にこれらの内容を明記したり，「性の多様性」について学習および包括的性教育の機会を保障する法整備などが考えられよう。それらが学校現場の教職員の意欲を後押しする。

　第3に，保護者を含めた，地域社会での学習機会の創出である。性的マイノリティの子どもたちにとって保護者の理解は非常に重要である。人権教育は学

Chapter⑧ 学校教育

校だけではなく，地域，家庭，職域などあらゆる場で行うものとされている。さまざまな行政機関や支援団体，医療，看護，福祉機関，専門職等が連携し，社会全体の学習機会の保障が求められる。また，丹原東中学校の実践にみる，学校教育と社会教育の連携も大きな可能性をもつものとして視野に入れるべきである。

　今後，あらゆるセクシュアリティの子どもたちが，健やかに安心して自分自身のセクシュアリティをみつめて成長，発達していけるように，さまざまな機関，人々が連携して学習環境および教育環境を整えていくことが必要である。

📖 文献案内

加藤慶・渡辺大輔編，2012，『セクシュアルマイノリティをめぐる学校教育と支援──エンパワメントにつながるネットワークの構築にむけて　増補版』開成出版.
　性的マイノリティの若者の実際，学校文化の再考，支援ネットワークについての論文集。

【渡辺大輔】

❖ *Column②* 米国の LGBT とアダプション ∞∞∞∞∞∞∞∞∞∞∞∞∞∞∞∞∞

　米国の連邦最高裁判所は2015年 6 月28日，同性婚を合衆国憲法上の権利として全州で認めるという歴史的判決を下した。当時，オバマ大統領はホワイトハウスをレインボーカラーで彩り，性別を超えた平等の権利は「米国にとっての勝利」と述べた。全州で同性婚を認めるというこの判断は，男女の婚姻制度の議論にとどまらず，米国社会の家族のあり方に布石を投じる問題である。同性婚についてのこれまでの議論は，宗教的信条や家族観の下で二分していたが，今回の判断はフォスター（foster；里親，一時保護）やアダプション（adoption；養子縁組，永続的）といった社会的養護の制度を加速するおそれがあることも意味づけた。しかし，現実的な話をすると，たとえ全米で同法が制定されたとしても，同性婚の夫婦が子どもをもち，家族を作ることはそう容易い話ではない。米国では，約40万人の子どもが一時保護のフォスターとして養育されるが，約10万人以上の子どもはパーマネント・ケアと呼ばれるアダプションを望んでいるといわれる（US. DHHS 2016）。養子縁組大国である米国でも，フォスターをしている LGBT（レズビアン・ゲイ・バイセクシュアル・トランスジェンダー）のカップルは約 3 ％にすぎず，そのうちアダプションに至っては約 4 ％しか成立していない。ゲイツ（2007）らの研究では，LGBT カップルのうち約200万人はアダプションを希望しているが，フォスターになっていると推定される。実現に至らない理由は宗教や思想，政治的，社会的な理由などに加え，LGBT のカップルまたは夫婦であるため，フォスターやアダプションをすることに制限をかける州があるからである。

　では，異性カップルと同性カップルではフォスターになるために何が違うと評価されているのか。一般的に，フォスターとして登録されるためには，フォスターを希望する人が，身辺調査などさまざまな審査を受けたうえで，さらに研修を受け，認証されなければならない。審査内容は家族構成や世帯収入，過去の犯罪歴など，子どもの権利を護る環境がその家族に整っているかどうかについて実施され，必ずしも莫大な財産や家をもっていたり，男女の夫婦である必要はない。実際にはフォスターと子どもの人種も違ってもよいし，ひとり親であっても構わない。米国では州法によって審査基準に多少の違いはあるのだが，フォスターファミリーの要件として，最も議論の対象となっているのは，実は「性別」の問題である。

　A 州に住むスミス夫妻（仮名）は，5 年前，15歳のダニエル（仮名）を預かることになった。当初は週末だけ，児童福祉機関の職員が彼を連れてきていたが，数か月の研

Column② 米国の LGBT とアダプション

修が終わり，ダニエルは，フォスターファミリーと同居を開始した。スミス家は特に裕福であったわけではなく，ごく一般的な家庭を築いていたが，当初，ホームレスに近い生活をしていたダニエルとの生活習慣の違いに戸惑いを感じていた。そんななか，彼が家族と打ち解け，親しむようになったきっかけは 5 歳の実子アマリ（仮名）の存在であった。無邪気な笑顔で「お兄ちゃん」と呼びかけ，妹と一緒に遊ぶ姿は，ダニエルにとっては初めての子ども期の到来のようだった。次第に，夫妻はようやく家族が 1 つになり，充実した日々が続く気がしていたが，それはあっけなく終焉を迎えることになった。理由は，同じ部屋で寝ている「きょうだい」の性別の違いが，規定違反に当たったからだ。州によって，フォスターの基準は多少異なるが，満たさなければならない共通の要件は【1 人 1 個室】であった。米国文化における個室はプライバシーの保護に必要であり，特に，性的虐待や犯罪防止のために必須の条件である。この事例では，里子と実子ともに深く喪失体験を受けたことになるが，性別は，彼ら家族の将来にとっても，大きく影響を及ぼしている。

　一般的に，LGBT や同性のカップルに対する里親の基準は，異性のカップルよりも厳しい。また，宗教上の思想や信条，政治的立場などを理由として，州法の優越性から LGBT や同性カップルを里親として認めていない州も存在している。同性カップルの親によって育てられた子どもは，それ自体が精神的虐待行為に当たると批判を受けたり，同性の子どもを性的に虐待する可能性があると指摘される場合もある。この問題についてはペドフィリアの事例が議論になるが，これは子どもへの性的指向の問題であり，論点が異なるはずである。ペドフィリアの場合，性的虐待の加害者の 9 割は異性愛の男性であり，性的指向との間に科学的根拠は認められていないからだ。

　ところで，本来，フォスター制度の最大の目的は子どもの最善の利益である。子どもに対して安住の地と安心な家族を保障することが目的であり，このような意味では異性カップルも，同性カップルも，何も違わない。米国の多くの研究は，レズビアンとゲイが親であることに不適格さを示す根拠はなく，ヘテロセクシュアルの子育てと何ら変わらないと結論している。異性であろうと同性であろうと，夫婦関係に若干の問題がある時期もある場合でも，それは異性婚の関係でも同様である。異性婚の父親が仮にゲイである場合でも子どもは父親と母親をもつことができるし，ゲイの親が一人親の場合は，子どもには父親がいる。筆者が行ったインタビュー調査では，ある LGBT に養子縁組をするグループの支援者は，LGBT に対するフォスターやアダプションは，他の家族とまったく同じである，と回答し，教育をしている。しかし，同性カップルの親に育てられたフォスターの子どもへのインタビュー

第Ⅱ部　社会関係と法

では，同性であるゆえ，父親と母親のいずれかが不在になる，という親のあいまい
な喪失の体験と同時に，同性の親に育てられる恥ずかしさを経験するという語りが
みられた。これは当事者間ではよく知られた経験であるという。たとえば，男性の
父親2人が授業参観に来たときの同級生の反応など，である。

　B州に住むリンダ（仮名）は，物心ついたころからゲイのカップルの元で育てられた。
　親は紳士的であり，学歴や社会的地位も高かった。生活に何不自由なく，多くの愛情
　を受けて育ってきたが，父母の日やハロウィンといった行事の際は，他の家庭との違
　いや周囲の振舞いに違和感を覚えることがあった。これまで彼女は，特にいじめなど
　を受けていたわけではないが，誰も彼女の感情に触れないようにして避けられていた，
　と感じていた，と語った。

　米国では，2015年の最高裁判決を法的根拠として，今後も全米で同性婚が認めら
れる大きな波が再び起これば，同性カップルが子育ての実現をめざすことは想像に
難くない。しかしながら，現トランプ政策のゆらぎのゆくえと同時に，子どもの最
善の利益とは何かを再び議論し，社会的養護を推進するための基盤として，まずは
同性カップルの親という言説を強く打ち砕くことが必要となるだろう。

【上野善子】

第Ⅲ部―――言説空間と法

人　権

誰のどのような人権か？

1 はじめに

　人間の性は多様であることを私たちは知っている。また，国や地方自治体も政策のなかに，性的指向や性自認をめぐる人権を書き込み，その重要性を認め始めている。このように，性的マイノリティの"当たり前に生きる権利"に気づく機会があるのはとても重要だろう。しかし，性の多様性が認められることで，性的マイノリティは生きやすくなったといえるのだろうか。実際には，人権という切り口から考えてみると，いま，性的マイノリティのあいだにはいくつもの分断がもたらされ，格差が明らかになってきている。そのなかで，生きやすくなった人々もいるだろうけれど，依然として，生きがたさを抱えている人々も少なくはないというのが現実である。

　そもそも，性的マイノリティといっても，その内容は多様である。社会には性をめぐって，"当たり前"だという思い込み——性規範——がある。たとえば，①生まれたときの身体の性別と，その後に認識される性別（性自認）が一致していること，そして，②自分の性別とは反対の性別の人と一対になることを"当たり前"とする思い込みだ。これらの"当たり前"からはずれた人々が「性的マイノリティ」ということになる。あまりにも大きなくくり方なので，当然，そのなかにはさまざまなちがいが横たわっている。

　では，ちがいのうち，格差は，どのように生まれるのだろうか。この章では大きく分けて2つの点を取り上げたい。1つは，多様な要素を抱え込む性的マ

Chapter⑨ 人　権

イノリティというカテゴリーのあいだ——たとえば「性同一性障害」当事者と同性愛者など異なるカテゴリーのあいだ——に横たわっているもの。そして，もう1つは，カテゴリーのなかに——たとえば同じ「同性愛者」であっても経済的状況やライフスタイルのちがいによって——横たわっているもの。

　ひとまずは，性的マイノリティのあいだに横たわる格差について，いくつかの事例を通じて問題点を明らかにしたい。問いを立てるとすればこうなるだろう——「国家は誰を救済するのか」。そして，そのうえで，いまある分断を超えて，より広い人権の時代がどのように夢想できるのかを考えてみることにしよう。

2　性の多様性が強調される時代

▌1 性的マイノリティの可視化：“みえる”存在へ

　性的マイノリティが“みえる”存在になること——可視化——について，司法や行政はどのように考えてきたのだろうか。まずは，1980年代後半からの主要な流れをみておこう。

　このころに出てきたものは，同性愛者の人権に関わることであった。1983年3月に閣議決定を経て国会に提出された「エイズ予防法案」に対する反対運動があった。人間の生命をそこなうような感染症の流行を予防する義務が，国にはある。しかしながら，この法案は，感染者に責任を負わせるような内容をもち，それまでにあったマイノリティに対する差別や偏見を助長する危険があるというのが，反対した人々の主張である。当時，エイズは，男性同士の性行為によって感染する比率が高く，先に流行していたアメリカ合衆国では短い期間ではあるものの，「ゲイ関連免疫不全症候群」（GRID：Gay Related Immunity Syndrome）という名で呼ばれていたこともあったほどだ。そのような男性同性愛者に対する偏見は，日本にもそのまま受け入れられることとなった。たとえば，当時の厚生省は「日本人エイズ患者第1号」を米国在住で一時帰国した男性同性愛者だと発表した。広がりつつあったエイズをめぐる人々のパニックをおさえるため，「一時帰国」（＝ふだんは日本にはいない），「男性同性愛者」（＝多数者の異性愛者ではない）という2つの点で，多数の人々にとっては「他人事」

123

第Ⅲ部　言説空間と法

だというイメージを生み出そうとしたのである。この点は，後に明らかになったことだが，血友病の人たちが使っている非加熱血液製剤で多くの人々がHIV感染した「薬害エイズ」の問題を隠すためでもあった。

　結果的に法案は成立し，1989年2月に施行された（その後，1998年に感染症予防法の成立で廃止）。しかし，反対運動は「失敗」に終わったのかというと，かならずしもそうはいいきれない。反対運動に関わった人々のつながりが，さらなる動きをつくっていく。たとえば，東京都が同性愛者の団体に対して宿泊利用拒否をした事件（1990年4月）があった。その際，同団体は出来事を同性愛者差別だと認識し，1991年2月に東京地裁に提訴した（東京都青年の家裁判）。結果として，第一審・第二審とも，同性愛者団体が勝訴することとなった（1997年9月に東京高裁判決）。判決文には，次のように記されている。「行政当局としては，その職務を行うについて，少数者である同性愛者をも視野に入れた，肌理の細かな配慮が必要であり，同性愛者の権利，利益を十分に擁護することが要請されているものというべきであって，無関心であったり知識がないということは公権力の行使に当たる者として許されないことである」。

　この裁判には，大きく分けて2つの意義があった。まず1つは，判決文が示すように，同性愛者が「少数者」として位置づけられ，その「権利，利益」が擁護されるべきものとして書き込まれたことである。そして，もう1つは，裁判と並行して，原告の団体が動いた結果，事辞典や政府文書などに「異常性欲」や「性非行」と記されていた同性愛の説明が修正されていったことである。裁判をとおして，（男性）同性愛者たちが自分たちの立場を表明——カミングアウト——して“当たり前に生きる権利”を主張したことで，それまでにあった「人権」の枠組みに参入することが可能になった（風間・河口 2010）。

　この時期，日本でも人権関連政策の見直しが始まった。国の人権救済施策をはじめ，各地方自治体でも人権条例が急速に整備されていった。その背景には，①国連の動きにあわせて，各国・各地域での国内人権機関（NHRI）などの設立が進められたこと，②ヨーロッパを中心に「先進国」が同様の法律をもっていることから日本国内にも影響が及んだこと，という理由がある。前者については，日本は国連の動向に色濃く影響を受けることとなった。1994年12月，国連総会（第49回）は，1995年から2004年までを「人権教育のための国連10年」

Chapter⑨ 人　権

とし，加盟各国に対して行動計画を求めた。日本政府もこの決議を受けて，1997年に国内の行動計画を決め，同時に，各地方自治体での取り組みを促すこととなったのである。そのなかで，性的指向による差別の問題も言及されるようになった。

　また，1990年代中ごろには，身体的性別と性自認が一致しない人々について「性同一性障害（GID : Gender Identity Disorder）」という医療名が人々に知られるようになった。特に大きな変化が起こったのは，からだの性別を改変する性別適合手術——いわゆる「性転換手術」——が1996年に埼玉医科大学倫理委員会の承認を経て開始され，日本でも合法化されたことがきっかけのひとつである。2003年には諸条件をクリアした人々に限定されているものの，戸籍上の性別変更を可能にする「性同一性障害者特例法」（性同一性障害者の性別の取扱いに関する特例の法律）も成立した（石田編　2008）。

　このような流れを追うようにして，地方自治体の人権施策は徐々に整備されていくこととなった。法は人々を救済しようとする。しかし，良いことばかりではない。その点を次にみていこう。

❷ 性的マイノリティにもたらされる分断

(1)　カテゴリーのあいだの境界：「性同一性障害」の可視化

「性同一性障害者特例法」制定後，地方自治体の人権施策のなかでも，性的マイノリティを構成するカテゴリーのあいだに境界が引かれるケースが目立ち始めた。たとえば，性的マイノリティのうち，「性同一性障害」に関しては記述や具体例があるが，性別越境について固定的なあり方には当てはまらない広義のトランスジェンダーについての言及はない。また，性的指向に関わる人権問題として，同性愛者（レズビアン／ゲイ）やバイセクシュアルについては具体的な施策が提示されていない例も少なくはない。言い換えれば，性的マイノリティという包括的な言葉が，「性同一性障害」とほぼ同義で使用されているケースが散見されるようになった。

　トランスジェンダーとして活動してきた筒井真樹子は，かつて，このような医療名が広がっていくことについて，次のように問題点を指摘していた。「性同一性障害」は「社会の多数派である女性または男性の存在を前提に，性別に

125

第Ⅲ部　言説空間と法

違和感を感じることを疾患と捉え，可能な限り多数派に近づけることを良しとする認識である」。しかし，当事者たちの社会運動のなかで使われてきた「トランスジェンダー」とは，「典型的な女性または男性の他に，第三，第四のジェンダーの存在や，さらにはそれらの間の自由な移行を，社会において認めようという認識である」（筒井 2003：175）。性別二元論を"当たり前"とすることへの問いを含む「トランスジェンダー」ではなく，「疾患」として個人化してしまう傾向が，「性同一性障害」という言葉が広まってきた現象からも読み取れるのではないだろうか。

⑵　カテゴリーのなかの境界：同性パートナーシップと「結婚」　同性愛者（レズビアン／ゲイ）の課題をめぐって突出しているのは，同性パートナーシップの可視化である。同性パートナーシップをもって生活する人々の具体的なニーズがあるなか，行政がなにがしかの救済が必要であると把握してきたケースである。しかし，実際には，シングルで生きる異性愛者の人々も存在するように，同性愛者やバイセクシュアルにもシングルで生きる人々も存在する。また，1対1の親密な関係性——モノガミーな関係——を育む人々も存在すれば，複数の人々と親密な関係性——ポリガミーな関係——を育む人々も存在する。すなわち，同性パートナーシップを国や行政が法的に認めることを求める動きは，異性間でのパートナーシップを育まないという特定のライフスタイルを志向する人々を対象とはしているものの，決して，同性愛者やバイセクシュアル（の一部の人々）の法的承認の問題と等号では結ばれえない課題であることも認識しておく必要がある。

⑶　法の限界　性的マイノリティのそれぞれのカテゴリーのあいだに，そしてカテゴリーのなかに生み出される境界の例を挙げたが，ここで，その境界が生み出されるプロセスと，救済対象の選択について，まとめておこう。

　施策の対象とする場合，境界の策定は必要なものであろう。というのも，誰を／何を対象として把握するのか，その境界線を引くことなしには法制度は成り立たないからだ。"すべての人々"を対象とすることなど不可能である以上，何らかの線引きは必要となる。そのような大前提をふまえたうえで，それでも

126

Chapter⑨ 人　権

　なお，ここで注目したいことは，この線引きが対象として把握しやすい——"わかりやすい"——人々もしくは状態を優先することによって，それまでに存在してきた性に関する規範が再生産される危険性が横たわっていることである。"わかりやすさ"とは，すなわち，マジョリティ規範に沿う可能性の高い存在や状態である。そして，その背後では，よりマイノリティが不可視化される状況が生み出されていくという問題がある。この章が強調する格差とは，人権施策の対象が取捨選択されていくなか，このように，性的マイノリティというカテゴリーのなかに，さらにマイノリティを生み出す構造が組み込まれていくことを指す。

　次節ではこのような問題意識をもって，具体例として同性パートナーシップをめぐる施策を取り上げ，そこに生じている格差の問題を考察していくこととしたい。

3　多様性から取りこぼされていくもの

■ カテゴリー間の境界，カテゴリー内の境界

(1)　条　例　　東京都渋谷区で「同性パートナーシップ条例」が提案されるということが話題を呼び，数々のメディアでも報道された。条例は2015年3月31日に可決された（「渋谷区男女平等及び多様性を尊重する社会を推進する条例」）が，性的マイノリティのなかでも，新たに意見の齟齬を巻き起こすこととなった。この条例は，「男女平等と多様性を尊重する社会の推進に関して，基本理念を定め」，さらに「多様な個人を尊重し合う社会の実現を図ることを目的とする」ものである（第1条）。そのため，「男女の人権の尊重」と同時に「性的少数者の人権の尊重」を掲げている。さらに，区や公共団体，区民，さらには事業者の責務が明記されている点にも注目したい。たとえば，事業者に対しては性別や性的マイノリティであることを理由に「就業条件の整備」に関する条例の趣旨の遵守，「一切の差別を行ってはならない」と定めている（第7条）。また，相談や苦情申立てについても定めており，必要に応じて調査を行うことや，助言および指導，さらには是正勧告をも定めている（第15条）。その意味において，画期的な条例であることは確かであるだろう。

127

第Ⅲ部　言説空間と法

(2)　報道の問題　　　そのうえで新たな意見の齟齬を巻き起こすことになった問題を挙げると，同性パートナーシップ証明のみが過大に注目されることによって，①報道と現実とのギャップが生じている点，②渋谷区の他施策における人権をめぐる「齟齬」が生じている点が指摘された。それぞれ，もう少しみておくこととしたい。

　まず，①報道と現実とのギャップについて。条例可決は「同性パートナーシップ」もしくは「同性婚」を認めるものとして報道されるケースが少なくはなかった。たとえば，新聞報道の見出しには次のような例があった。「『同性婚』に証明書──東京・渋谷区，全国初の条例成立」（『日本経済新聞』2015年3月31日／電子版），「同性婚　道開く一歩──渋谷区で条例成立」，「同性パートナー条例成立──渋谷区　全国初　偏見解消促す」（『朝日新聞』2015年4月1日），「同性カップルに証明書──渋谷区，全国初の条例」（『京都新聞』2015年4月1日），などである。このような報道に導かれるようにして，「婚姻と同等の権利を与えられた」とする誤解が広がるケースも生じたが，実際には，条例自体にはそのような法的効力は存在しない。同性パートナーシップ証明書を発行する点は明記されているものの，公正証書などの提出が必要となる。すなわち，婚姻届の提出とは異なり，経済的・時間的コストが生じるという点である。

　このような点をふまえると，「同性婚」とはかなり異なることがわかる。誤認とまでは断言できないものの，条例内容を正確には伝えていない。条例成立を支援してきた人々が「祝・同性パートナーシップ条例！」，「Thank you, Shibuya」などの横断幕を掲げて，取材に応じており，マスコミがこれに呼応したと考えることもできる。とはいえ，ミスリーディングであることは事実であろう。このようなミスリーディングが，条例の提出時（2015年2月12日）にネット上での賛否を巻き起こし，渋谷区での「保守」団体による反対運動をも生み出している。報道に煽動される形でホモフォビア（同性愛嫌悪）の言動が拡散することともなった。

❷ 人権の棄却？

　もう1点の②渋谷区の他施策における人権をめぐる「齟齬」について。渋谷区で人権をめぐり数年間にわたって問題化されてきた課題のひとつに，区内の

Chapter⑨ 人　権

公園閉鎖と野宿者追放問題が存在する。特に，今回の条例を推進し，後に渋谷区長に選出された長谷部健区議会議員（当時）が，その双方に関わっているという点が指摘されてきた（「同性パートナー条例案——渋谷区『人権』使い分け？？」『東京新聞』2015年2月20日）。野宿者が多く生活する区内の宮下公園が，命名権を民間に委託され，強制撤去を開始したのは2010年のことである。翌年には公園が夜間に閉鎖され，野宿生活者の寝泊まりのみならず，支援団体の炊き出し作業にも支障を生み出すこととなり，まさに生存問題を生み出す結果となった。一方では性的マイノリティの生活に資する条例を策定しながら，他方では野宿者の生存を脅かす政策を推進するところに「人権」をめぐる矛盾があるのではないかと指摘されるに至ったのである。

　これらの問題点をふまえると，一定の方向性がみえてくるのではないかとの指摘も挙がることになった。首都である東京都では，2020年にはオリンピック・パラリンピック開催も決定されている。そのなかで，①グローバル・スタンダードになりつつある「性の多様性」の称揚と，②街の「浄化」としての野宿者排除が同時に行われているという指摘である。すなわち，どのように社会を構想するかと考える場合，総合的にみると，人間の生存を中心とした「人権」の視点ではなく，どのようなマイノリティを利用することによって（あるいは棄却することによって），マジョリティの利益を最大限に生み出すことができるのか，という点が重視されている方向性が浮かび上がってくる。

　性的マイノリティの置かれた状況を改善していくためには，可視化も必要であろう。しかし，同時に，このような分断のなかで，誰がどのように可視化されるのか，というプロセスの問題にも注目していく必要がある。

4　同化か抵抗か：包摂の政治と承認の政治の分岐点

　同性パートナーシップの可視化については，これまでにも複数の流れが存在する。少なくとも，以下の2つの流れを把握しておく必要があるだろう。

　1つには，1990年代より広がってきた，社会運動に従事する人々や研究者たちが生み出してきた同性パートナーシップの法的保護を求める動きがある。そこでは，具体的なニーズや不利益状況を拾い上げながら「家族を形成する権

129

第Ⅲ部　言説空間と法

利」の主張が行われてきた。

　もう１つには，マスメディアで取り上げられるようになった話題性のある動きがある。前節の渋谷区の動きと同時に考えておきたいことは，この流れである。たとえば，2013年には東京ディズニーランドでの同性間の結婚式の挙行や，合衆国のオバマ大統領による同性婚の支持表明（2012年５月），さらには米国最高裁での同性婚禁止に対する違憲判決（2013年６月）などが日本の性的マイノリティのあいだでも話題になった点を挙げることができる。特に前者と異なる点については，ビジネス領域での戦略と結びついてきた点を特徴として指摘することができるだろう。

　ビジネス領域での戦略については，性的マイノリティの置かれた労働状況の改善とゲイ・マーケットの「発見」がある。特にすでに合衆国では話題になっていたゲイ・マーケットへの注目により，日本では「国内5.7兆円」という試算が出された（『週刊ダイヤモンド』2012年７月14日号）。ただ，この試算は性的マイノリティのうちでもレズビアン・ゲイの可処分所得をターゲットとした消費活動促進の側面があることが指摘されてきてもいる。同性パートナーシップという形が可視化することにより，ウエディング産業にもターゲット化した商品が広がりつつある。

　このような現象をみるとき，次のような問いが浮かび上がってくる──誰のどのような生存が救済対象とされるのか。たとえば，リサ・ドゥガンは，1970年代から2000年代の動きを追うなかで，昨今のネオリベラリズムとゲイを中心とした動きが親和性をもち続けていると指摘する（Duggan 2003）。1960年代から現在に至る合衆国での運動の変化について，ドゥガンは次のような考察を行っている。

　1960年代から1970年代にかけて，一部のレズビアン・ゲイ解放運動のなかでは，当初，反帝国主義なマニフェストやレイシズムのシステムの分析が行われてきた。しかし，1980年代以降，運動の資金調達や選挙政治へと，その関心が変容し，主に国家政策のなかでの包摂と保障を求めることに主眼を置き始めることとなった。ドゥガンが注目するのは，このような動きが，結果的に，合衆国の保守党の諸政策とネオリベラリズムの連携のなかに見事に位置づけられていくという点である。そこで行われているのは，プライベートの領域を重視し，

Chapter⑨ 人　権

かつ脱政治化された動きである。家族と消費活動とを重視し，排除や抑圧を生み出してきた異性愛規範（ヘテロノーマティヴィティ）への異議申立てや抵抗という課題は，そのなかで急速に縮減されていく。このような状況に，ドゥガンは「ホモノーマティヴィティ」という名称を与えている。すなわち，マジョリティの価値観である「ヘテロノーマティヴィティ（異性愛規範）」への異議申立てを行うのではなく，あくまでもマジョリティ規範に沿う方法で社会に受容されていく，という振舞いである。そして，その振舞いは，ときに，過剰にマジョリティ規範への同化を推進する。というのも，社会で承認されるためには，マジョリティへの過剰な適応が必要とされるからだ。その結果として，マジョリティ規範を補強し，促進するという状況を生み出す。まさにそのプロセスのただなかで，同じカテゴリーのなかにいるはずの性的マイノリティの人権を損なうというジレンマが生み出されるのである。

　先にみてきた日本の性的マイノリティの状況は，まさにこの「ホモノーマティヴィティ」と照応するのではないだろうか。というのも，「性同一性障害者特例法」は「女」と「男」という性別二元論に乗った形で人々を承認するものであったし，渋谷区の事例は法的効力がないにもかかわらず，「家族」の形を奨励する形式上のものだったからだ。これらは，マジョリティの生活を揺るがすような危機感はもたらさない範囲でしか，事柄は動いていないのである。

5　おわりに

　排除や差別，抑圧の主体である規範を問わずに「性の多様性」のみが称揚され，抵抗という政治性が失われていくことは，ドゥガンの分析した合衆国の状況をみても，ある種の必然なのかもしれない。しかし，本章では，その傾向性をこそ，問うべき問題として設定した。

　筆者が性的マイノリティの相談業務に携わってきたなかで，特にこの10年間ほどで大きく変化してきたのは，その人自身の性自認や性的指向が，単独で"生きがたさ"を生み出しているわけではなく，複合的に，絡まり合って生み出されていることが明らかになってきた点である。精神障がいや知的障がい，病，民族，地域，ネット環境，学歴，形式上は義務教育が終わっていたとして

131

第Ⅲ部　言説空間と法

も実際には「教育」という権利を享受できなかった人々，識字問題，経済的状況，家庭環境（暴力にさらされてきた経験や家族形態）など，である。家族や消費の権利を求める，新しいあり方が強調されるなかでは，全体社会へと包摂されきれない人々の存在がある。まさに，そのような個人化する権利の獲得が強調される背後で，取りこぼされていく，不可視化されていく存在がある。

　このような意味で，再度，性の多様性を強調するのみではなく，社会の規範自体を問う動きが必要とされているのではないだろうか。性的マイノリティに包括された概念のなかには多様な人々が存在する。そこに抱え込まされたジレンマを分節化し，分断線を創出する構造を丁寧にあぶり出していくことでしか，ひとまずの架橋の方向性はみえないだろう。

📖 文献案内

黒岩裕市，2016，『ゲイの可視化を読む——現代文学に描かれる〈性の多様性〉？』晃洋書房.
　日本文学の作品を読み解きながら，特定の性的マイノリティだけが包摂される現代社会の背景を探る。

【堀江有里】

平等か解放か？

1 はじめに

　2015年は，日本だけではなく世界における性的マイノリティの権利状況に関して画期的な年であった。まず，東京都渋谷区議会に提案され，可決された「渋谷区男女平等及び多様性を尊重する社会を推進する条例」のうちで定められている同性パートナーシップの制度化をめぐる一連の動きが挙げられる。渋谷区にある代々木公園では，性的マイノリティ当事者たちが中心となって都心部を歩いたりする「東京レインボープライド」関連イヴェントが開催されており，そういう意味でも実に相応しい条例であるかのように思われた。ところが，保守派からの反発はいうに及ばず，性的マイノリティ当事者たちのなかからもさまざまな意見が噴出し，本条例提案後から現在に至るまでまさに百家争鳴の感を呈している，というのが実情である。

　本条例はさまざまな論点を示している。第1に社会全般における男女平等の推進と，社会と人々のあいだにおける「多様性」の尊重が不可分であること。第2に性的マイノリティ当事者の権利保障のためには必須であるかのように思われている，この多様性という理念がここでも当然のごとく用いられていること。また，この第2の論点と関連するほかの重要な概念としては「平等」の存在も挙げられる。たとえば，同性婚の法制化を肯定的に主張する際には，婚姻制度の平等化が必要だと説かれることになる。

　次に，2015年6月末には，アメリカ連邦最高裁判所によって全州での同性婚

133

第Ⅲ部　言説空間と法

の法制化を承認するオーバーガフェル対ホッジ事件判決（*Obergefell v. Hodges*, 576 U. S.＿＿(2015)）が下され，さまざまな論議を引き起こした。本判決の法廷（多数）意見は，連邦最高裁でこれまで審議されてきた婚姻する権利をめぐるさまざまな判決に言及したうえで，同性婚の法制化はアメリカ合衆国憲法上の権利として正当化できるものであって，それを支持する４つの原則を挙げているが，上記条例と同じような批判的に検討すべき論点が含まれていることについては，後で触れることにしよう。

　筆者がこのような書き方をしているのは，まさに多様性や平等という概念が積極的・肯定的に用いられている現状に対して懐疑の念を抱いているからなのであるが，本章ではこうした問題を解明するための端緒として「規範＝ノルムnorm/norme」について論じることにする。筆者は，これまでフェミニズム法理論などを手がかりにして性と法との関係について考えてきており，ノルム概念が上述の問題をめぐる分析にどのような影響を与えるのか，ということに多くの関心を払ってきた。この関係性に関する具体的な事例を取り上げつつ，ノルム概念がもたらした新たなる可能性についても検討していく。

2 日本で最初の同性婚？

　本節では，上述の渋谷区条例について検討する。まず，本条例の前文では日本国憲法の理念に言及しつつ，区の責務として男女間の平等だけでなく，特定の性指向をもつ人々に対しても政策などのうえで一定の配慮をしていくことの重要性が説かれている。

　次に第２条第７号において，本条例で用いられている「性的少数者」ということばに対して，以下のような定義を与えていることに注目すべきである。すなわち，「同性愛者，両性愛者及び無性愛者である者並びに性同一性障害を含め性別違和がある者」という定義である。性的マイノリティについて言及する際に，つねに（男性の）同性愛者のことが優先されてしまうという傾向が存在しているなかで，このように両性愛者（バイセクシュアル）や無性愛者（アセクシュアル）のことにも言及されていることは評価できる（もちろん，それではバイセクシュアルやアセクシュアルの当事者を公的機関などは具体的にどのように扱うの

134

Chapter 10 ノ ル ム

が妥当なのか，という問いかけが難問として立ちはだかるのであるが）。

　３点目として，本条例の特筆すべき内容である同性の当事者間でのパートナーシップ保障と関連している，第２条第８号における「パートナーシップ」の定義に注目すると，「男女の婚姻関係と異ならない程度の実質を備える戸籍上の性別が同一である二者間の社会生活関係」としているが，ここでは「実質」の具体的な内容と，保障の対象を「戸籍上の性別が同一である二者」に限定していることが問題になるだろう。前者の論点については後でも少し触れる。

　また，本条例の制定・施行をもって，同性婚が認められたことになると主張する見解もときに見られたが，民法で定められている婚姻制度と同等の権利保障の機会を提供するはずの同性婚と，婚姻という名称を用いずそれに付随する権利保障の一部だけを選択的に提供するパートナーシップ制度とはまったくの別物であり，こうした事実がかえってパートナーシップ制度の利用を妨げる要因，すなわち，婚姻できないことが当事者を「二級市民化／格下げ」することになってしまうので，それを嫌う当事者がかえってパートナーシップを締結しなくなる，という問題を引き起こしてしまうことにも注意しておかなくてはならない。

　以上，本条例の内容を簡単に紹介してきたが，本章のテーマと関係して論じられるべき，さまざまな問題が含まれている。それはこれまで述べてきた平等と多様性の実現という社会的・政治的大義のうちに潜んでいるノルムの存在である。この問題をさらに明確にするために，海外に目を転じてアメリカ連邦最高裁が下した歴史的な判決にも触れておこう。

3　オーバーガフェル事件判決にみられる問題点とは何か

　本章の冒頭でも簡単に触れた本判決は，アメリカ合衆国における性的マイノリティをめぐる権利獲得運動の重要な成果だと評価できる。同性婚の法制化に関連して，アメリカ連邦最高裁で争われた有名な訴訟としては，同性間の性交渉を違法としていたジョージア州法が合憲とされた1986年のバワーズ対ハードウィック事件や，その合憲判断を変更した2003年のローレンス対テキサス事件，１対１の男女による結婚だけが唯一の婚姻であると法制化するために，連邦レ

135

第Ⅲ部　言説空間と法

ヴェルで制定された婚姻防衛法の一部を違憲とした2013年の合衆国対ウィンザー事件などが挙げられる。2015年に下された本判決は，そうした流れがたどり着く１つの極みである。

　本判決により，合衆国においても同性婚の法的効力が全州で承認されることになった。５対４の僅差で下された法廷意見の執筆者は，中道派と目されているケネディ裁判官であるが，その理由づけは憲法上の議論としてはきわめて優れており，読む者に感動さえ引き起こすものである。その概要を判決要旨に拠りつつまとめるならば，以下のようになろう。①婚姻についての個人の選択の権利は個人の自律の概念に本質的に内在している，②婚姻する権利は人々の親密な関係性に関して基盤となる権利である，③婚姻する権利は（婚姻当事者だけではなく）子どもも保護する性質をもつ，④婚姻制度がアメリカにおける社会秩序の要であることは判例や慣習に照らして明らかであり，そこから性的マイノリティの当事者を締め出すことはかれ／かのじょらを法的に貶めることになる（同性婚人権救済弁護団編　2016：221-223）。

　以上に補足すれば，本判決における婚姻する権利は，アメリカ合衆国憲法におけるデュー・プロセス（適正手続）条項と平等保護条項という２つの条項によって保障されている。これらの内容を簡単に説明すれば，前者は法のデュー・プロセスに拠らないで個人の生命や財産を奪うことを禁じるという，主に自由の制約に関するものであり，後者は合理的な理由なく差別的な扱いを課すことを禁じるものである。婚姻する権利はこれら自由と平等という両者の相互作用によって保障されるものであり，同性婚が認められないことによって，同性カップルの婚姻する自由が奪われ，かつ異性カップルに比して差別的な扱いを受けてしまうことになる。

　このように法的観点から同性婚の法制化を認めた本判決であるが，婚姻にまつわるロマンティシズムにも訴えかけていることが目を引く。法廷意見の末尾に置かれている文章が特に典型的なので，以下に引用しよう。

　　婚姻ほど深遠な結び付きはない。婚姻は，愛，貞節，献身，自己犠牲および家族の最
　　高の理想を内包するからである。婚姻という結び付きを形成することによって，２人
　　の人間が，それ以前の１人ひとりの自分とは異なるより大きな存在となる。本件上告
　　人らの一部が示すように，婚姻は，死を超えてもなお存続する愛を内包する。……

136

Chapter 10 ノルム

〔中略〕……。かれ／かのじょらの希望は，文明最古の制度の１つである婚姻から排除され，孤独のなかで生きることを余儀なくされるようにならないことである。かれ／かのじょらは，法の下で等しくその尊厳が尊重されることを求めている。憲法はかれ／かのじょらにその権利を保障する。（同性婚人権救済弁護団編 2016：250-251）

　このロマンティシズムの雄弁な表明が示しているのは，婚姻のもつある種の魔力への無自覚な服従である。もし上述の表明が正しいとするのであれば，婚姻していない／できない人間は，婚姻している人間よりも劣っている存在なのか，婚姻していない人間はつねに孤独なのか，なぜ２人の結びつきというあり方だけが法的に尊重されるべきなのか，などの疑問が尽きることなく湧いてくる。さらにいえば，ここではフェミニズムなどの文脈において示されてきた，家族をめぐるさまざまな問題の存在も一顧だにされることなく，家族という親密な関係のあり方が一方的に理想化されている，ということも指摘しておこう。

　以上，本判決における法廷意見の内容を確認してきたが，家族をめぐる法的言説には問われることがほとんどない問題がなお潜んでいるように思われる。それを可視化させるものとして，次節ではノルムとは何かをみていこう。

4 ノルム概念をめぐる２つの分析的系譜

　本節では，本章における中心的なテーマであるノルム概念について説明する。ノルムの簡略な定義は，事実判断と価値判断が結びついている基準というものである。好例として挙げられるのは，健康という概念である。たとえば，私たちがある人を健康状態であると判断するときには，当人への問診や血液検査の結果などが医学上の知見ももとづいて設定された問題のない範囲に収まっているかを事実として確認する。そして，医学的に問題なしという判断は人々の価値判断としても「正常」である，と肯定的に評価されることになる。

　このノルムという概念については，これまでさまざまな分野で検討されてきたが，法の領域における代表的な分析の例としては，法学者のケルゼンによるものが挙げられる。ケルゼンじしんや法哲学者の井上茂の整理に従えば，ノルムとは①ある行為が法律行為であるかを解釈するための図式，②人が一定の仕方で行動すべきであるということを意味するなどの機能を有している（井上

第Ⅲ部　言説空間と法

1967：277-278）。ケルゼンが行ったのはたしかにノルム概念についての徹底的な分析であるが，そこで念頭に置かれていたのはやはり法律との関係を重視した分析だった，と考えられる。

　もちろん，ケルゼンの「純粋法学」がめざしていたのは，社会学や政治学のような法とは異質な要素を排除した法の純粋科学なのであって，そのことによって方法論上の混同という問題を避けようとしたからであった（ケルゼン2014）。こうした問題意識を承けつつも，現代社会において法学が直面している諸問題を的確に分析するためには，ケルゼンが排除した法 – 外な視点を以下のとおり導入することは重要である。

　さて，本章の主題であるノルムとは，主にフランスの「エピステモロジー（科学認識論）」という学問的潮流のなかで検討されてきた概念である。哲学者の金森修は，エピステモロジーという概念が非常に多様な内容を包摂しているがゆえに定義することが難しいと認めつつも，「ただ，エピステモロジーがもつ独特な性格，つまりそれが，科学史と科学哲学とを独自に融合させ，科学的思考の一種の精神分析を経ながら，その歴史性の確認をするという性格をもっている……」（金森 1994：5）と述べている。

　この指摘からも明らかなように，エピステモロジーは歴史研究とは切っても切れない関係にあり，以下で参照する思想史家フーコーが行ってきたのも，その分析の正確さや資料解釈の妥当性に関してさまざまな批判が寄せられているとはいえ，性や精神医学，狂気，監獄制度などに関わる歴史的事象への批判的分析なのであった。

　そのフーコーが1978年に「安全・領土・人口」と題して，コレージュ・ド・フランスで行った講義において，ケルゼンを引き合いに出しつつ，法とノルムの関係に関して以下のように説明しているのは興味深い。

　　第1に，こんにちケルゼンを読みなおすだけの賢さをもった人びとが気づいたのは，
　　法とノルムのあいだには根本的な関係がある（ないことなどありえない）ということ，
　　法システムはすべてなんらかのノルムのシステムと関わりがあるということ，このよ
　　うなことをケルゼンが言い，論証し，示そうとしていたことでした。……〔中略〕
　　……。それどころか，法が何らかのノルムを参照するにせよ——ノルムを法典化する
　　（ノルムに対して法典化をおこなう）というのが法の役割・機能であるにせよ（これ

Chapter 10 ノルム

は実際，法のおこなう操作そのものですが）――，わたしが標定しようとしている問題はそれではなく，正常化の諸技術が――法システムから出発して（その下で，その余白で，もしかするとそれと逆向きに）――どのように展開されるかを示すということなのです。（フーコー 2007：70）

　以上の引用文からは，フーコーがノルムの重要な機能の1つとして，《正常化 normalisation》という作用を強調していることがわかる。以下ではこの正常化という作用が具体的な法実践のなかでどのように機能しているのかということを検討するために，「親密圏の正常化」という現象を取り上げてみたい。

5　親密圏の正常化：ヘテロノーマティヴィティへの批判

　この親密圏の正常化という問題がきわめて明確に析出されるのは，前節までに論じてきた同性婚の法制化のような，1対1の異性同士の当事者による婚姻とは異なる親密圏のあり方の可能性を模索する場合である。

　この点につき，民法学者の我妻栄は婚姻を成立させるための要件として，両当事者間で婚姻意思が合致することが必要であると述べた後に，婚姻意思を「……夫婦関係を成立させるという意思である」としたうえで，「しからば，夫婦関係とは何か，といえば，その社会で一般に夫婦関係と考えられているような男女の精神的・肉体的結合というべきである」（我妻 1961：14）と説いただけでなく，その意味で同性婚は婚姻ではないと上記引用文に関する注においても主張していた（我妻 1961：18）。

　また，下級審の審判例においても，「……申立人の本国法である日本法によれば，男性同士ないし女性同士の同性婚は，男女間における婚姻的共同生活に入る意思，すなわち婚姻意思を欠く無効なものと解すべき」（佐賀家裁・1999（平成11）年1月7日・審判〔家庭裁判月報51巻6号73頁〕）と述べて，同性婚の法的成立を明確に否定している。

　我妻が説いたのは，婚姻届を提出する意思をもって婚姻意思だとする「形式的意思説」とは対置させられるところの「実質的意思説」の一解釈であるが，後者の説の問題点について，民法学者の窪田充見は以下のように的確に指摘している。

139

第Ⅲ部　言説空間と法

図 10-1　セックスのヒエラルキー：護られた円対境界の外

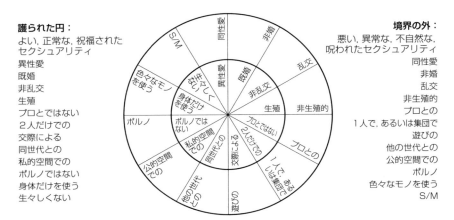

護られた円：
よい，正常な，祝福された
セクシュアリティ
異性愛
既婚
非乱交
生殖
プロとではない
2人だけでの
交際による
同世代との
私的空間での
ポルノではない
身体だけを使う
生々しくない

境界の外：
悪い，異常な，不自然な，
呪われたセクシュアリティ
同性愛
非婚
乱交
非生殖的
プロとの
1人で，あるいは集団で
遊びの
他の世代との
公的空間での
ポルノ
色々なモノを使う
S/M

出所：Rubin (2011) 152-153 頁より筆者が試訳。

　実質的意思説をとる論者においては，「社会通念」や「社会観念」といった言葉を借りつつ，（法を離れて）一定の婚姻モデルを前提とし，それによって実質的意思を判断しているのではないかと思われる。実際，実質的意思の判断基準としては，共同生活や性的関係等，社会通念としての婚姻についてはいくつかの基準が挙げられる。しかし，その中のいくつか，あるいは全部がなくても（共同生活はしない，ベッドはともにしないという約束がある場合でも），真摯な婚姻の合意を否定する必要は必ずしもないように思われる……。（窪田 2017：21-22）

　こうした指摘をふまえたうえで，論点を同性婚の法制化の可否に限定してみても，同性の当事者を婚姻から排除しているのは，異性間での親密な関係のみを正常で自然なものとしてみなして，異性婚だけに法的保護を付与させるべく私たちに影響力を及ぼしているノルムの作用である，と考えられる。フーコーからの知的影響を受けたフェミニストやクィア理論家たちは，このように異性愛のみを特権化する一方で，同性愛やほかの性愛のあり方を異常で不自然なものとしてみなすように働きかけるノルムのあり方を《ヘテロノーマティヴィティ heteronormativity》と呼び，ノルムのもつ正常化の機能が性の領域において現出したものとして捉えるよう主張していたことは，フーコーのノルム概念の可能性を拡張させる試みであると評価してよい。

Chapter 10　ノルム

図10−2　セックスのヒエラルキー：どこに境界線を引くかをめぐる闘争

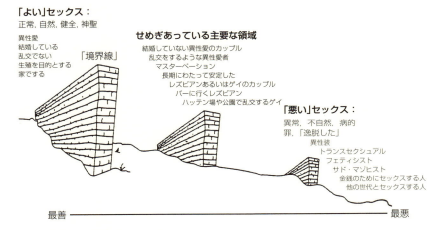

出所：Rubin (2011) 152-153 頁より筆者が試訳。

　次に人類学者ルービンが「セックスを考える」論文（1997年，英語原文は1982年初出）において，「セックスのヒエラルキー」を説明するために示した図を2つ挙げておく。ルービンじしんは本論文のなかでヘテロノーマティヴィティという言葉を用いてはいないが，これらの図はそれを視覚的に理解するために役立つものである（図10−1）。

　この図において，円の内側にある性実践は一般的に正常だと考えられている行為であり，それに対して外側にあるのは異常視されたり周縁化されたりすることの多い性実践である。問題はこの内側と外側を隔てている境界線とはいったい何であるのかということである。関連して，もう1つの図もみてみよう（図10−2）。

　こちらは図10−1と同じ内容を別の仕方で表現しているものであるが，より明確になっているのは，壁という形で表されている境界線の存在である。私たちの性実践の自由なあり方をめぐる闘争の過程においては，この不可視の境界線をどのように可視化させ，かつ打ち崩していくのかということが中心的な課題であった。法の領域においても，性実践の自由なあり方を抑圧する手段として刑事法などが用いられており，法的な闘争でそうした法令の違憲性を裁判所

第Ⅲ部　言説空間と法

に認めさせ，撤廃させようとしてきた。そして，民事法の分野でも同性婚の法制化が最大の課題として認識されており，オーバーガフェル事件判決を勝ち取るまでに至った。

　だからといって，性実践にまつわる境界線がすべて撤去されたのだということでは決してない。従来の異性婚に同化するという形での同性婚の法制化は結局のところ，既存の境界線の堅固化につながるのではないかという懸念がさまざまな論者から主張されてきた。たとえば，法学者のスペードと社会学者のウィルスは，同性婚の法制化に関連して以下のように批判的な指摘をしている。

　　法的な婚姻制度は，その帰結として存在する刑事処分制度——淫行や客引き，猥褻行
　　為などに対する法律などがある——と組み合わさって，どの性的行為と振る舞いが受
　　容可能かつ優遇対象となり，どれが軽蔑や処罰に価するかの境界を作り出し強要して
　　いる。(スペード／ウィルス 2015)

　オーバーガフェル事件判決はまさにそうした懸念を裏書きするものとなっている。この境界線として機能しているノルムの存在を可視化させることが，これからの性的解放運動における重要な課題となるだろう。

6 おわりに

　本章では，フーコーのノルム概念の意義を確認したうえで，主に家族法などの親密圏に関わる法システムに内在しているノルムの存在を剔抉して，それをヘテロノーマティヴィティと名づけるとともに，ノルム概念を積極的に拡張しようとする試みの1つであると肯定的に評価した。

　私たちがノルム論を手がかりにして，今とは別様の親密性のあり方を構想すること，そしてさらなる性的自由の可能性を模索することが，今後における重要な理論的・実践的な課題として残されている。

Chapter 10 ノ ル ム

📖 文献案内

ジュディス・バトラー／エルネスト・ラクラウ／スラヴォイ・ジジェク，2002，竹村和子・村上敏勝訳『偶発性・ヘゲモニー・普遍性──新しい対抗政治への対話』青土社.

　同性婚の法制化についての批判的な視点も含む，現代のさまざまな問題をめぐる充実した対話が収められている.

【綾部六郎】

クィア

クィアな視点は法学に何をもたらすか？

1 はじめに

クィア（queer）とは「奇妙な，風変わりな，いかれた」といった意味の英語であり，20世紀初頭ごろから専ら侮蔑的に「（男性）同性愛」を指す言葉として使われてきた。この蔑称を換骨奪胎し，性的にマイナーな存在であることの肯定的な自称として使うことが行われるようになったのはそれほど古いことではない。このクィアという言葉は法制度とどのような関係をもつのだろうか。「性的マイノリティと法」や「LGBT（lesbian, gay, bisexual, transgender）と法」という形で議論されることと「クィアと法」という形で議論されることには何か違いがあるのだろうか。本章ではあえてその違いを際立たせることを重視しつつスケッチを行ってみたい。

2 主題としてのクィア

一口に LGBT と呼び習わすにしても，LGB という前三者とTとではマイナーさの性質が異なっていることはよく知られている。トランスジェンダーが，成育のなかで意識されていく自らの性自認（gender identity）と出生時の身体的性別にズレを生じている存在を指すために編み出された言葉であるのに対し，レズビアン・ゲイ・バイセクシュアルは，自らの性自認を基準とした際にどのような者を性愛の対象とするかという性的指向（sexual orientation）を表現する言葉

Chapter 11 クィア

である。これらに対しては，性自認におけるマジョリティをシスジェンダー（cis-gender），性的指向におけるマジョリティを異性愛者とあえて名指すことも行われる。性的マイノリティのカテゴリーとしてここにもう1つインターセックスが加えられることもあるが，近年ではむしろ性分化疾患（disorders of sex development）という捉え方の強まりがみられる。

■ 法との関わり

　性的マイノリティと法との関わりとして今までさまざまな論点が提示されてきた（二宮 2012）。網羅的ではないものの主要なものを挙げるならば，LGBTに共通するものとして，性的指向や性自認を理由とした差別にどのように対処するかという問題が挙げられる。雇用や居住についての差別，差別とヘイトクライムとの結びつき，生殖補助技術の利用資格等の問題である。LGBにとっての問題としては，親密な関係性に法的保障が与えられているかという問題があげられる。同性婚やそれに準じる何らかの同性同士による生活単位への法的保障の是非である（性自認の観点からは異性同士だが，法的性別では同性同士になる場合のTにも関わる）。Gにとっては長らく反ソドミー法等による同性間の性行為自体への刑事罰の問題が存在してきた（法文上「自然に反する」性行為一般を禁圧するような規定になっていても摘発の主たる標的は多くの場合ゲイ男性であった）。現在でもなお刑事罰を維持する国・地域はなくなったわけではない。Tにとっては，個人の法的な身分登録における性別の変更の可否が大きな問題である。その要件と密接に関わる形で医療における自己決定権のあり方や公的医療保険のあり方も議論の対象となってきた。この他にも，いわば光が当たりにくく実際あまり当てられてこなかった論点としてたとえば，ハッテン場を取り巻く問題（法的位置づけの曖昧さと恣意的な摘発等）や同性間セックスワークへの法規制等を挙げることができよう。

　ところで，LGBTの一角を占めるBに特有の問題は何であろうか。ケンジ・ヨシノはこの点について，異性愛者とLGの双方とがBの存在を抹消することによって自らのアイデンティティの主張をより効果的に成すという「利益」を有する可能性を指摘している（Yoshino 2000）。

145

第Ⅲ部　言説空間と法

❷ 新しくて古い問題

　以上の範囲では、「LGBT と法」に代えて「クィアと法」という新しい看板に掛け替えてみる利点はあまりないように思われる。看板の掛け替えよりはむしろフェミニズムをはじめとした生殖とジェンダーに関わる思考の蓄積と切り離さずに問題を捉えていくことがきわめて重要である。LGBT と生殖との関わりについては、第三者の身体（特に子宮が介在する妊娠・出産）の利用の問題をどう考えるかを無視して議論することは危険であるし、Tと生殖の関わりについては、法的性別の変更において性腺の摘出を要件とするかどうかという重い問題が存在する（日本の現状は要件としている。性同一性障害者特例法 3 条 1 項 4 号 ⇒**Chapter**②）。

　性的にマイナーである現象のなかには上記の瞥見にまったく登場してこなかったものも少なくない。たとえば、ペドフィリア（pedophilia；小児性愛）、インセスト（incest；近親姦）、サド・マゾヒズム等々の「異常」性欲の発現とされるものがそうである。別言すれば、性的マイノリティの人権保障という枠組みではおよそ念頭に置かれることがなく、性的な「倒錯」という表現が今なお使われうる領域である。それらに比べれば、その「異常さ」が積極的に人々の眉をひそめさせることは少ないだろうが、性的欲望の欠如ないし過少としてのアセクシュアル（asexual；無性愛と訳されることもある）、性的関係性を複数並行させるポリガミー（もちろんこれは概念上バイセクシュアルとは区別されるべきものである）等「LGBT と法」という形では扱われることのほとんどない事柄の一覧表はいくらでも長いものにすることができるかもしれない。

　もっともそれらについては、自己決定権の及ぶ範囲やその根拠、そしてプライバシー保障の限界というある意味では古典的な問題設定において議論することが可能である。実際のところ、ペドフィリアが法的に問題となるのは多くの場合、その欲望そのものの是非ではなく、それが行為に移されるときに「性愛」ではなく「性的虐待」となりうる点であろう。そのとき「ペドフィリアの幻想とその行為は区別すべき」という言い方をするならば、これはほとんど古典的な刑事的行為規制の議論の仕方に重なってくる（SM についても、同意傷害の処罰の境界事例として論ずるならば同様の事情であるといえよう）。ポリガミーについても、姦通罪が廃止された現在の日本では、その種の関係性を結ぶ合意が

公序良俗に反するかどうかが専ら問題となる（参照，男性1人と女性2人の3人間でなされた同棲生活費用分担の合意を公序良俗に反し無効とした，東京高裁・2000（平成12）年11月30日・判決〔判例タイムズ1107号232頁〕）。

3 アセクシュアルというマイノリティ

しかしながらこの一覧表のなかでアセクシュアルについては，そのマイナーさが一定の特異性を帯びていることを指摘できよう。道徳を重んずる人には，不道徳な（immoral）人よりも，道徳自体に関心のない（amoral）人のほうが一層不気味に感じられることがある。道徳と不道徳を区別する枠組み自体に疑いを投げかけてくるからである。アセクシュアルというものも，セクシュアリティを論じる枠組み自体を再考させるような捉えどころのなさがある。

たとえば，アセクシュアルを他の性的指向と並べて1つのアイデンティティであると規定することは可能だろうか。性のあり方がその人のアイデンティティの根幹を規定するという想定が近代という社会の特徴なのだとしたら，アセクシュアルという存在は，その想定を根本的に問いなおす視点となりうるかもしれない（Emens 2014）。性行為は誰もが当然に欲望するものなのか，それともゴルフや釣りのように実は「趣味嗜好」（preference）の1つにすぎないのか。そのような視点は，現実の差別的制度を改変するために，アイデンティティの重要な一構成要素として性的指向を位置づける形での権利擁護運動のあり方とは衝突する可能性もある。もっともそのとき，LGBだけではなく（というより，何よりも）異性愛こそが1つの「嗜好」として問題の俎上に載せられることになる点を看過すべきでない。皮肉なことに，近代社会なるものにおけるセクシュアリティの基底的地位ゆえに（その極限的事例の1つとして）アセクシュアルであること，すなわち「他者に性的欲望を感じない」ということすらカムアウトの対象になってきているのが現状ともいえよう。そして，そのカムアウトの動因として，それが精神病理として扱われてきたことへの異議申立てがあることでは，他の性的マイノリティに通ずる状況を指摘することができる。

4 主題から方法へ

上記のように，主題としてのクィアについては，現実にはLGBTに代表さ

第Ⅲ部　言説空間と法

れる事柄が念頭に置かれることが多いにせよ，そこから漏れがちなもの，あるいはあえて表立っては触れられないさまざまなものを想起することができる。それらをクィアという名前で呼んでみる（読み替えてみる）ことには，人間のセクシュアリティにおける諸々のマイノリティを包括的に問題としていること，そしていまだ名づけられていないもの（X）の余地が存在することを明示する意義があろう（参照，大橋 2013）。しかしそのままではそのXを LGBT と並列することの意味は明確でない。実際には，LGBT の相互間の差異や重なりにセンシティブである必要性を訴える意義がクィアという看板によって強調されることも多い。とすればすでに，何を取り上げるかという主題としての側面よりも，それをどのように取り上げるのかという方法としての側面にこそ，クィアという言葉を用いる主たる意義はあるのではないかと予想される。

3 方法としてのクィア

　LGBT という分類は，各人がとりあえず性別二分法の下で意識したり，意識させられたりする男・女を指標としてマジョリティとマイノリティを描き出そうとする。このような「セクシュアリティのジェンダー化」から出発する見方によって何が見出され，何が見失われるのか（参照，石田 2006）。この点についての省察を突き詰めるならば，LGBT といった諸カテゴリーのアイデンティティ（のカミングアウト）を前提としそこに依拠するのではなく，流動的なセクシュアリティを（その欠如態も含め）研究しようとする動きへと結実することになるだろう。そのときクィアな研究とは，クィア「を」研究するというよりは，クィア「に」研究することを表現したものとなる。

■ 「正常なもの」への問いかけ

　そのような接近方法を支える1つの大きな柱は，人間のセクシュアリティにおける「正常な（normal）もの」を形作っているのは何かという問いかけであろう（⇒**Chapter** 10）。何であれ正常なもの，正統なもの，支配的なものと齟齬をきたしているのがクィアであり，クィアという語が必然的に指し示す特定のものがあるわけではない（参照，ハルプリン 1997）。もっとも，ジェンダー化

Chapter 11 クィア

という枠組みを一旦問題視したそのうえであれば，諸々のセクシュアリティを論じる際にジェンダーへの目配りは欠かせない。たとえば，ペドフィリアを論じることは，それが成人「男性」の欲望として構成されてきたことへの言及抜きにはなしえないように。

　何が「正常なもの」を形作っているのかという問題関心は，規範的な含意と一体となっていることもある。すなわち「正常なもの」への抵抗がなされるべきであり，その抵抗はよいものである，と。その抵抗はどのような意味でよいものなのか。少なくともそこには「正常なもの」がなぜ「正常なもの」として存立しえているのかを「正常なもの」の側に属していると思いなす人々自身に問いかけるという効能があるはずである。この意味でクィアな研究は，「正常なもの」という巨大な馬を，その目を覚まさせるために刺す虻のようなものに自らを擬することも許されよう（プラトン 1975：86）。おざなりに LGBT に一言言及すれば（あるいは 1 章を割けば）セクシュアリティについて何事かを論じたことになるのだといった態度に，この虻は反省を迫る。

　もっとも，「正常なもの」が堅固なものであれば，クィアな問いかけやそこからなされる批判もインパクトのあるものとなりうるが，そもそも正常とされるものの正体が茫洋としている場合，批判も「暖簾に腕押し」となりかねない。たとえば，日本の家族法の場合，その事実尊重志向によって，法が法としての役割を十分に果たしえていたかどうかには疑問が呈されてきてもいる（水野 1998 等）。この点で興味深いのは，日本法上同性間の婚姻が実践上の課題となるはるか以前に，中川善之助が同性婚について触れている次の記述である。

> 何が婚姻意思であるかはその社会の習俗が決定する。即ちその社会の通念において婚姻と見られる生活共同体を形成しようとする意思であるといえよう。この意味からして同性婚の如きは婚姻ではなく，これに向けられた意思も婚姻意思とはいえない。（中川 1965：196）（1959年の初版にも同じ記述がある）

　ある時期まで日本の家族法学の通説的地位を占めていたこの家族法学者による社会通念の強調（婚姻への実質的意思の存否がそれによって判断される）は，法のあり方をあたかも事実のあり方によって規定しようとしているかのようである。これは通念の変化次第では同性婚の実現に棹差す議論にもつながりうる一

149

第Ⅲ部　言説空間と法

方で，婚姻法の現状を精査しようとする議論を腰砕けにするものかもしれない。そのような社会でクィアな批判を行うことには並外れた注意深さが求められることになるだろう。

❷ リバタリアンとの立ち入った関係性

　「正常なもの」への抵抗には，マジョリティのあり方の批判的検討といったものを超えて，「正常なもの」の規定自体を廃棄すべきであるというより攻撃的な主張が込められることもあるだろう。その主張は，規定する主体としての国家の正当性を疑うリバタリアニズムの立場に接近するようにみえる。家族や性愛のあり方に関わる事項に国家は介入すべきでないというリバタリアンの立場が性的マイノリティの解放にとって最も優れたものであることを明示する論者もいる（藤森 2004）。また有力なリバタリアンは婚姻法のあり方について，同性婚の実現よりも法律婚自体を廃止することが理論的に首尾一貫していると考えるが（橋本 2004；森村 2012），このような主張は既存の法制度に対する破壊性という点で，クィアな志向にも通ずるものがある。制度論までいかずとも法解釈論の次元において，先ほど触れた「婚姻意思」を例として挙げるなら，リバタリアンの法解釈論は，「婚姻意思について『実質的意思』説に対して『形式的意思』説を徹底することになる」と論じられている（森村 2012：78）。というのも「あるべき規範的な婚姻関係を想定せず〈当事者が事実婚でなしに法制度としての婚姻関係を採用しようとするならば，第三者がそれに介入すべきでない〉と考えるからである」（同頁）。このような果敢な議論は，既存の法解釈論の正当性を根本的に考えなおすその姿勢において，十分クィアなものと呼ぶに値するのではないか。

　ただし，クィア理論とリバタリアニズムとの間にはなお違いが存在する可能性は否定できない。リバタリアニズムが自由な個人の存在に立脚する一方で，そのような個人自体への懐疑をクィア理論は提示することがある（参照，住吉 2004）。もっとも，リバタリアニズムにおいてさえ個人の通時的な同一性は程度問題とされることがあるのだからこの点は大きな違いではないかもしれない。より一層深刻な係争点としては，社会で事実上（de facto）「正常とされるもの」が人々に及ぼす影響をどう考えるかという論点が両者の間に横たわっているだ

Chapter 11 クィア

ろう。人々の社会通念によって支持されるセクシュアリティの標準的あり方に対し、国家権力はどのように関与するべきなのか。リバタリアンが可能な限りの不関与を求めるのに対し、クィア理論はどのような立場をとることになるのか。一定の関与を肯定するとしたらそれはどのような理由にもとづくものなのか。一方で、「正常なもの」の存在を前提に（いわばそこに寄生して）批判を行う志向を強めるなら、国家による社会への介入は必ずしも否定されないだろう。他方で、「正常なもの」の規定自体を廃棄しようとする志向を強めるならば、法的な標準がなくなった後になお残るであろう社会的な標準に対する構えをクィア理論は用意する必要がある。

4 フェミニズムからクィア理論へ

前節の議論に対しては、「……すべきである」、「……はよい」といった言い方自体を警戒し、さらには拒絶するものとしてクィア理論はあるのではないかという疑問が呈されるかもしれない。この点について、クィア理論とフェミニズムの対比を糸口に考察しよう（両者の関係性を多面的に論じたものとして、Fineman et al. eds. 2009）。

■ フェミニズムとの交錯

フェミニズムとクィア理論の安易な収斂を想定しない立場から、両者の関係を次のように描く者もいる。

> クィアな批評者たちの言わんとするところを信頼するなら、フェミニズムは快楽、戯れ、同一性本位思考の流動性（identitarian fluidity）に十分な注意を払っていない点で弱められているし、それらすべてが道徳主義と排除に向かう傾向を生み出している。フェミニズム批評者たちが念頭に置いているであろうようなクィア理論は、その支持者たちが気づいている現実の諸条件を問題にすることよりも、喜びに満ちた倒錯的想像にこだわることのほうが多く、実践的解決の不気味な固定性を批判することが有している眩暈のするような可能性を打ち捨てることには尻込みしているのかもしれない。(Abrams 2009：433)

もちろん、フェミニズムもクィア理論もそれぞれ多様な立場を含んでおり、

151

第Ⅲ部　言説空間と法

収斂も対峙も一概に語ることはできない（ibid. 434）。しかしながら，上記の引用のような描写は，両者がそれぞれに抱える問題点の一端を照らし出している。フェミニズムが，ときに「集団としての女性」，「女性の身体的経験」を強調するとき，そこに密やかに（場合によってはあからさまに）ホモフォビアやトランスフォビアが胚胎することがある（トランスフォビアを払拭するものとして，谷口2004）。たしかに妊娠・出産という事実とそこに絡みつく重い社会的意味づけを問いなおすことはフェミニズムの（あるいはジェンダー理論の）重要な使命であると考えられるが，それが妊娠・出産機能やそこにつながると想定される遺伝子・身体的経験の保有の有無によって，典型的な女性とそれ以外の人を弁別することに加担するならば，「正常なもの」を吟味しようとするクィア理論との距離は限りなく大きいものになっていく。この点に警鐘を鳴らしフェミニズムの問題をクィアに捉えることを重視する立場は，フェミニズムの拡散や解消にも行き着くものかもしれない。それではジェンダー・セクシュアリティにまつわる「現実の諸条件」の考察にクィアな方法ははたして何をもたらすことができるのだろうか。

❷ 日本社会における例題

　そのことを考える足がかりとして，次のような現実の裁判例を取り上げてみたい。女性から男性へ性別変更をした者が女性と婚姻した。その女性が第三者から精子の提供を得て（Artificial Insemination by Donor；AID），子を出産した。この子を夫婦の嫡出子として届け出たところ認められなかったので，嫡出子として戸籍に記載するよう戸籍訂正の許可を求めて訴えが提起された。本件に込められた当事者の思いの一端は，夫の声を伝える代理人を通じて次のように語られている。

> 妻が子どもを産める体であるならば産ませてあげたい，ホルモン投与を続ける自分は肝機能障害や心血管疾患のリスクが高く，自分がこの世を去っても妻を守ってくれる子どもがほしい。（山下 2012：34）

　第一審は嫡出子としての届出を認めないことは憲法14条に照らしても差別ではないとした（東京家裁・2012（平成24）年10月31日・審判〔最高裁判所民事判例集

Chapter 11 クィア

67巻9号1897頁〕,評釈として渡邉(2013))。続く第二審もこの審判を維持し,即時抗告を棄却した(東京高裁・2012(平成24)年12月26日・決定〔最高裁判所民事判例集67巻9号1900頁〕,評釈として中川(2013))。ところが特別抗告を受けた最高裁は,第二審を破棄し,子を嫡出子として認める判断を下した(最高裁・2013(平成25)年12月10日・決定〔最高裁判所民事判例集67巻9号1847頁〕,評釈として鈴木(2014)ほか多数)。

この事例をLGBTのうちTに関わる権利擁護が進展した一コマとして捉えることも可能であろう(参照,本件で嫡出性を認めることが「文化国家としてあるべき姿」であると示唆する,梶村(2012:下77))。同時に,新しい技術が従来典型的とされてきた家族像をしばしば補完し,そこに従来のジェンダー観が貼り付いている次第をここにみてとることも可能であろう。それではクィアにこの事例をみるとはどのようなことなのか。「LGBTと法」にも「ジェンダーと法」にも還元されない視点を提供することはできるのだろうか。

この事例における法的判断を肯定したり否定したりする前に,何より「面白い」とクィアな分析はいうかもしれない。当事者の切実な利益と重大な法的問題が関わるこの事例を「面白い」ということは不謹慎の誹りを免れまい。しかしクィアな分析自体には「謹慎」につながるものはおそらく内在していない。では一体何が「面白い」のか。この事例があらためて浮かび上がらせた日本の親子法(特に生殖補助技術が介在する場合のそれ)のあり方である。それは単に「面白い」ばかりか「奇妙」でさえある。

というのもそもそもここで前提となっている現行法のあり方とは,性同一性障害(という役所の形式的審査のみで生殖能力の不存在がわかるケース)以外の場合は,AID子を嫡出子としてきた今までの数十年にわたる家族法の実務だからである。それが現場の要望に応える法の智恵(juris-prudence)の発露であったのだとしても,嫡出性自体を根本的に再考することなしに事態に対応してきたことは日本社会に何をもたらしたのだろうか。このような状況は,子ども側にとっての「出自を知る権利」等の形で近年ようやく問題となってきている。

153

第Ⅲ部　言説空間と法

5 おわりに

　マジョリティがどのようなものであるのかを強調し，マジョリティの有様を
アウティング（暴露）し，そのことを通じて物事の根本的な再考を促すクィア
理論の展開可能性の萌芽がここに示唆されてはいないだろうか。とはいえ，そ
の暴露されようとするマジョリティ，「正常なもの」の側が，直線的にマイノ
リティの権利擁護を訴えるわけではないクィアな議論に対し，理解を示したり
寛容である保証はおそらくないであろう。そのような保証と無縁であることは
クィアがクィアである限りそこにつきまとうことなのかもしれない。その寄る
辺無さのなかで「正常なもの」を問い続けることはいかにして可能になるのか。
「正常なもの」に寄生する以外にどのようなあり方がありうるのか。奇妙なく
らい重たい問いがクィアに考えようとする者の眼前に横たわっている。

📖 文献案内
　森山至貴，2017，『LGBTを読みとく──クィア・スタディーズ入門』筑摩書房.
　　明快な入門書。文献案内も至便である。

【池田弘乃】

❖ *Column③* 法と科学とセクシュアリティ

　法と科学の関係はどのようなものだろうか。一般的に，両者はそれぞれ固有の目的と自律性をもっているように思われているかもしれない。法は正義にかなった社会秩序を実現し，紛争を解決する手段である。他方，科学はそうした社会的有用性から独立しつつ，世界の真理を解き明かす営みである。このように捉えた場合，法実践は「法的価値判断」にまみれた人間くさい営みであるのに対し，科学は価値を超越した客観的・学問的な営みのようにも思われる。だとすれば両者は交わることなくそれぞれ独自の営みを続けていくのだろうか。

　しかし歴史をひもとけば，両者の密接な関わりを示す例は枚挙にいとまがない。たとえば地動説をめぐるガリレオの裁判，ルイセンコ学説という特定の理論が「公定」のものとされたソ連の例，近年のアメリカにおける進化論科学と創造論科学の対立，そしてごく最近の日本でのいわゆる「STAP細胞」をめぐる科学的スキャンダルなどを思い起こせば，科学の「知」はつねに社会のなかに存在し，ときに政治権力にとって強い関心事となりうることが改めて理解されることだろう。さらに科学的探究の成果を社会的有用性の目的のもとに具体化する技術においては，「四大公害裁判」を典型として，各種の公害事件や薬害事件のようにその社会的なあり方が法廷において争われることも頻発するようになる。

　ここで述べた法と科学技術の関係は，「法」が科学技術を一方的に規律するようにみえるかもしれない。また，そこでの「法」は科学技術の発展につねに遅れをとっているようにもみえるかもしれない。たとえば，インターネットが発展してさまざまな社会的問題が明らかになって初めてサイバー法が整備されてきたように。また，ヒトクローン技術の開発可能性が現実的な問題となって初めて，その研究を禁止する法政策が大急ぎで実施されたように。こうした例によって，科学技術に対する「法の遅れ」を描き出すこともまったく間違いとはいえない。法は安定性が求められるがゆえに，新しい事態への臨機応変の対応には不得手な面もある。

　もっとも，法が新しい科学技術を「後追い」で規律していくという描き方は，両者の関係を十分に捉えたものとはいいがたい。近年，アメリカを中心に勃興している〈法と科学〉と呼ばれるジャンルは，両者をより双方向的，相互依存的なものと捉えたうえで，その関係をつぶさにみていく。その古典的な著作であるシーラ・ジャサノフ『法廷に立つ科学』（渡辺千原・吉良貴之監訳，勁草書房，2015年［原著1995年］）は，「専門知」のあり方に着目する。そこでは法的な知と科学的な知は独立したものとしてあるのではなく，法廷という場において出会い，両者がそれぞれ

第Ⅲ部　言説空間と法

の必要性を主張するなかで相互に構築しあっていく動態的なものとして捉えられている。本書との関わりでいえば，生殖技術の発展とともに人の生命の「始まり」の法的意味が変化していったこと，そして家族関係の確定という法的要請によってそうした科学的知識そのものが整理されていった例（主に8章）などが重要である。このような〈法と科学〉の「社会構築主義（social constructivism）」的な捉え方はやがて定性的な分析にとどまらず，その背景となる法制度的条件の探究，そして〈社会的に構築される知〉と〈客観的に追究されうる知〉のあり方をめぐる定量的分析まで問題関心を広げながら発展を遂げつつある。

　こうした〈法と科学〉研究の蓄積をふまえた場合，「法とセクシュアリティ」の関係にどのような新しい視角が持ち込まれうるだろうか。本書各章で詳しく論じられているように，法とセクシュアリティをめぐる知のあり方が上述のような意味で相互構築的なものとして現れる場面は多くある。そして，そこではもちろん，科学技術的な知のあり方も不可欠な要素として登場することになる。セクシュアリティに関する生物学や医学の知は歴史的に，セクシュアリティのあり方に特定の意味を与え，ときに社会的偏見を助長することもあれば，ときにそれを解体する方向に働くこともある。そしてそれは多くの場合，セクシュアリティをめぐる法的問題（たとえば性犯罪をめぐるもの，家族関係に関わるもの）に強く影響を与えて／与えられてきた。

　このような関心のもとにある〈法と科学とセクシュアリティ〉について，近年の日本における最も示唆的な例として性同一性障害者特例法（2003年成立）が挙げられる。本法は性同一性障害者（生物学的な性別と自己意識としての性自認の性別が一致しない者）につき，一定の要件を満たした場合に戸籍上の性別変更を認めるものである。「性同一性障害」が「心の性」をめぐる心的葛藤といった曖昧なものとしてではなく，（戸籍上の性別変更が治癒の手段の1つとなりうる）「疾患」として位置づけられたことによって法的救済の道が開かれたことには，精神医学などにおける科学的知識の発展が大きく寄与していることは改めていうまでもない。しかしその「疾患」の前提として，法的に構築された男性／女性の二分法を中心とする，社会的な性別規範秩序があることもまた事実である。ここでは，科学的に探究される知のそもそもの条件として法的な知があるのだ。こうした科学的な知と法的な知の相互構築性のダイナミズムをみていくことは，〈法と科学とセクシュアリティ〉の複雑に入り組んだ関係を分析していく第一歩となりうるはずである。

【吉良貴之】

Chapter
12

エピローグ

「セクシュアリティと法」のゆくえ

1 セクシュアリティから法を問いなおす

　セクシュアリティは，私的な事柄であり，公的な議論には馴染まないと考えられることがある。大勢の人が集まる場面では，性について語ること自体が敬遠されがちだ。法律や社会制度は公の議論によって形成されるため，セクシュアリティが正面から取り上げられることは稀である。たとえ議論の対象となっても，あまり深いところまで入り込まないように，世間の多数派からみた「常識」としてのセクシュアリティのみが前提とされてしまう。一方，セクシュアリティについて語りあうことは，私的な空間において，相手への信頼や親密さを証明する機能を果たすこともある。打ち解けあった会話には，当然のようにセクシュアリティの話題が登場する。しかし，その場面でも多数派のセクシュアリティが前提とされていることは多く，一定の率直な語りが場の空気を凍らせ，人間関係を破壊することもある。このように，セクシュアリティは触れてはならない領域でもあり，人々が重要な関心を寄せる事柄でもある。性の多様性は，多数派のセクシュアリティを前提とする法律や社会制度のなかで，その位置づけを探り続けている。

　本書は，セクシュアリティ，特に性の多様性を主軸として，法律や社会制度を読み返し，人間身体のあり方，社会関係における位置づけ，言説空間の流れを分析してきた。性の多様性や性的マイノリティ・LGBTを単に対象化するのではなく，法律や社会制度のあり方そのものを問いなおす作業である。

157

第Ⅰ部「人間身体と法」では，主に性分化疾患／インターセックスや性別違和／性同一性障がいを通して，性別が特定される基準（**Chapter** 1）や法律上の性別変更の条件（**Chapter** 2），保護法益としての性別（**Chapter** 3）について論じていただいた。法律や社会制度は，人として生まれて以降のあらゆる場面において，人間身体に性や性別を関連づけている。多数派の性のあり方は，出生登録や身分証明の場面においても，刑法による保護の場面においても，そのセクシュアリティを適切に位置づけられている。性の多様性は一旦その枠外に置かれつつ，法の解釈や裁判または法改正の過程を経て，法律や社会制度の境界を右往左往することとなる。

第Ⅱ部「社会関係と法」では，法的な親子関係（**Chapter** 4），婚姻制度（**Chapter** 5），ドメスティック・バイオレンス（**Chapter** 6），企業活動（**Chapter** 7），そして学校教育（**Chapter** 8）という5つの場面や空間について論じていただいた。社会関係は往々にして，多数派の性のあり方を無前提に作り上げられる。しかし，法律や社会制度の趣旨や目的に立ち返れば，ほとんどのものが性の多様性を包含しうる条件を備えていることがわかる。性の多様性が想定外であることと排除されていることは同じではない。社会関係を問いなおせば，多数派の性のあり方のみを対象とすることに限界がみえてくる。

第Ⅲ部「言説空間と法」では，3つのキーワード，すなわち人権（**Chapter** 9），ノルム（**Chapter** 10），クィア（**Chapter** 11）を軸として，セクシュアリティと法のあり方について論じていただいた。既存の法律や社会制度が，多数派の性のあり方を無前提に引き受けていたことに異論はない。しかし，性の多様性を単純にその枠内へ入れることは，かえって慎重な検討を要する。想定外のセクシュアリティは，多数派の人間身体や社会関係を混乱させない範囲でのみ許容されがちである。そこで与えられる位置づけは，ありのままのセクシュアリティではなく，多数派の性のあり方の亜流へと変貌したセクシュアリティにすぎないかもしれない。

このように，性の多様性というセクシュアリティの視点から法を読み返すと，法律や社会制度の枠内において，多数派の性のあり方が無自覚に生成され，意図的に維持され，巧妙に強化されていることがわかる。それは少数派の側のみに枠の境界線を行き来させることで成立する暴力的な営みともいえる。

Chapter 12 エピローグ

2 2つのセクシュアリティの接点

Chapter 0 において，法学の領域における2つのセクシュアリティ視点の系列について述べた。「女性」と「性の多様性」である。この2つの視点はどのように交わるのか。

注目されるのが交差性（intersectionality）という概念である。たとえば，女性差別撤廃委員会が2010年に採択した一般勧告28号に次のような記述がある。

> 交差性（intersectionality）とは，第2条に規定された締約国が負うべき一般的義務の範囲を理解するための基本概念である。性（sex）やジェンダー（gender）に基づく女性差別は，人種，民族，宗教や信仰，健康状態，身分，年齢，階層，カースト制及び性的指向や性自認など女性に影響を与える他の要素と密接に関係している。性別やジェンダーに基づく差別は，このようなグループに属する女性に男性とは異なる程度もしくは方法で影響を及ぼす可能性がある。

女性差別撤廃条約は「女性（Women）に対するあらゆる形態の差別の撤廃」を目的として成立した国際条約であり，事実上の男女平等に向けた合意文書である。その実施過程では，女性に共通の経験を前提としつつ，女性そのものが一枚岩ではないことにも十分な注意が向けられてきた。たとえば，南側諸国の女性，マイノリティに属する女性，障がいをもつ女性，移住者の女性，難民の女性，高齢女性などである。女性であることに他の属性などが加わることで，差別や人権侵害は深刻化しやすく，対処方法も複雑化する。上記の一般勧告28号において，この文脈に「性的指向」と「性自認」が初めて列挙された。対象となる人々を特定する意味において，LBT女性（LBT Women）とも表現される。

「女性」と「性の多様性」は交差する。「女性」を対象とした法律や社会制度は，身体の性が女性であり，女性としての性自認をもち，異性に魅力を感じることを前提に作られる。たとえば，男女共同参画や女性活躍推進に関連する法制度は，性的指向や性自認において，一部の女性のみを前提としており，性の多様性を抑圧する装置ともなりうる。逆に，「性の多様性」をめぐる法律や社会制度の議論は，根底にある男女ないし性別をめぐる社会規範を等閑視しがち

159

である。性別役割分担や生涯賃金の格差は，性の多様性の内部にも，抜き差しならない状況を作り出す。「人種，民族，宗教や信仰，健康状態，身分，年齢，階層，カースト制」などもまた，「女性」とも「性の多様性」とも複雑に交差している。

この点，2010年の第3次男女共同参画社会基本計画には，「女性であることで複合的に困難な状況に置かれている人々等への対応」（第8分野の4）の基本的方向として，「男女を問わず性的指向を理由として困難な状況に置かれている場合や性同一性障害などを有する人々に対し，人権尊重の観点からの配慮が必要である」との記載がある。第4次基本計画（2015年）にも引き継がれたこの項目は，「女性」と「性の多様性」の交差性の一端を示している。交差性のある問題群は，いずれか一方への対処ではなく，両者（さらには他の要因も含めて）への同時並行的な取り組みが必要となる。同時に，いずれかへの対処が，他方（または他の要因にもとづく差別や人権侵害）の悪化を招かないよう，細心の注意を払わなければならない。

3 「セクシュアリティと法」のゆくえ

セクシュアリティを「女性」と「性の多様性」を2本柱とする性のあり方と位置づけた場合，本書は「セクシュアリティと法」研究の1つの支柱となる。今後，「セクシュアリティと法」研究を体系化するならば，少なくとも次の4つの作業が不可欠である。

第1に，「女性」のセクシュアリティと法に関する研究の「性の多様性」視点からの読みなおしである。ジェンダー法学（かつての法女性学・女性法学を含む）において「女性」のセクシュアリティは主要課題の1つであった。性的指向や性自認との交差性を論じたものも皆無ではないが，圧倒的多数がその視点を欠く。もちろん，そのことはジェンダー法学の研究成果を無に帰するものではない。「セクシュアリティと法」研究にとって，多数派の性のあり方を等閑視する過程や論理，その影響等を精査することが肝要である。

第2に，「性の多様性」のセクシュアリティと法に関する研究の「女性」視点からの読みなおしである。2000年代から増加傾向にある性的マイノリティな

Chapter 12 エピローグ

いし LGBT と法の研究は，扱われるテーマが多様化し，論じられる法領域も多岐にわたっている。国内で想定される法律問題は出尽くしたといっても過言ではない。しかし，性的マイノリティないし LGBT に特化した問題意識の立て方が多く，密接不可分なジェンダーに必ずしも敏感ではない研究も散見される。バイセクシュアルや X ジェンダーの抱える法律問題が見過ごされている現状は，それを物語る。

第3に，セクシュアリティと「交差性」のある他の法学研究との協働である。国内でも長い歴史をもつ被差別部落や在日外国人に関する法学研究からは，研究手法や解釈論理など，多くを学ぶことができる。障がい者差別解消法の成立にともない，障がいのある人々に関連する法律や社会制度との比較も有益である。その過程において，既存の法学研究をセクシュアリティ視点から読みなおしていく作業は，これまで私的な領域に押し込められてきた問題の顕在化によって，法学研究を豊穣化させる契機となる。

第4に，「性の多様性」のセクシュアリティと法のさらなる追究である。本書を含めて，既存の法学研究ではほとんど扱われていない「性の多様性」も見過ごしてはならない。性的指向を前提としない無性愛（アセクシュアル），子どもを性愛対象とする小児性愛（ペドフィリア），加虐や被虐を嗜好するサディズム・マゾヒズム，1対1ではない関係性にあるポリアモリー，性関係を排他的としないオープン・リレーションシップなどがその一例である。既存の法律や社会制度と真っ向から対立する側面をもつ「性の多様性」も優れて「セクシュアリティと法」研究の対象である。

さらなる「セクシュアリティと法」研究のため，以上の4つの作業を提案したが，むろん，これ以外にも課題は山積している。基盤となる法理論の構築から法解釈の精緻化，法実務における実践の積み重ねなど，なすべきことも多岐にわたる。「セクシュアリティと法」研究に終わりはない。

【谷口洋幸】

引用・参考文献一覧

■ 日本語文献（五十音順）

浅香昭雄，1973，「XYY 男子」松永英編『遺伝学読本』日本評論社.

石田仁，2001，「生物学的性別の規準——性別の決定因子を同定する研究に着目して」『大学院研究年報』30：103-115.

石田仁，2006，「セクシュアリティのジェンダー化」江原由美子・山崎敬一編『ジェンダーと社会理論』有斐閣.

石田仁編，2008，『性同一性障害——ジェンダー・医療・特例法』御茶の水書房.

伊藤睦，2006，「刑事手続における性犯罪被害者の権利——アメリカにおけるレイプ・シールド法をめぐる議論を手がかりとして」齊藤豊治・青井秀夫編『セクシュアリティと法』東北大学出版会.

井上茂，1967，『法規範の分析』有斐閣.

入江恵子，2008，「北米社会におけるインターセックスの位相——当事者の身体の経験から」『ソシオロジ』52(3)：87-103.

上村貞美，1988，「人権としての性的自由と強姦罪——欧米における強姦罪の改正をめぐって」『香川法学』7(3・4)：139-196.

内山絢子，2000，「性犯罪被害の実態（1）——性犯罪被害調査をもとにして」『警察学論集』53(3)：76-98.

NPO 法人高知ヘルプデスク，2015，「平成26年度 性的マイノリティのための DV シェルター運営事業 コナツハット報告書 初めての LGBT 専用シェルターの運営を通して見えてきたこと」.

LGBT 法連合会，2016，『「LGBT」差別禁止の法制度って何だろう？』かもがわ出版.

遠藤まめた，2014，「LGBT のこどもたちと学校——調査結果から見えてきたもの」『季刊セクシュアリティ』68：102-107.

大阪弁護士会人権擁護委員会性的指向と性自認に関するプロジェクトチーム，2016，『LGBTs の法律問題 Q&A』弁護士会ブックセンター出版部 LABO.

大島俊之，1983a，「性転換と戸籍訂正」『法律時報』55(1)：202-206.

大島俊之，1983b，「性転換と法——戸籍訂正問題を中心として」『判例タイムズ』484：77-106.

大島俊之，2002，『性同一性障害と法』日本評論社.

大島梨沙，2013，「『法律上の婚姻』とは何か（4）——日仏法の比較研究」『北大法学論集』64(2)：510-460.

大橋洋一, 2013, 「Qの欲望——現代の映画とクィア批評」三浦玲一・早坂静編『ジェンダーと「自由」——理論, リベラリズム, クィア』彩流社.

岡克彦, 2014, 「性同一性障害による韓国の性別秩序の法的変容に関する一考察——『積極司法』による性的マイノリティの人権救済のあり方をめぐって」『ジェンダーと法』11：134-153.

風間孝, 1997, 「エイズのゲイ化と同性愛者たちの政治化」『現代思想』25(6)：405-421.

風間孝, 2011, 「セクシュアリティと人権」市野川容孝編『人権論の再定位 1 人権の再問』法律文化社.

風間孝・河口和也, 1998, 『実践するセクシュアリティ——同性愛／異性愛の政治学』動くゲイとレズビアンの会.

風間孝・河口和也, 2010, 『同性愛と異性愛』岩波書店.

梶村太一, 2012, 「性同一性障害の夫婦による嫡出子出生届をめぐる法律問題（上・下）」『法律時報』84(10)：97-104, (11)：70-77.

加藤慶・渡辺大輔編, 2012, 『セクシュアルマイノリティをめぐる学校教育と支援——エンパワメントにつながるネットワークの構築にむけて 増補版』開成出版.

金森修, 1994, 『フランス科学認識論の系譜——カンギレム, ダゴニェ, フーコー』勁草書房.

紙谷雅子, 2004, 「同性婚と州憲法」『アメリカ法』2：279-289.

カント, 2002, 『カント全集 11 人倫の形而上学』岩波書店.

金城清子, 2002, 『ジェンダーの法律学』有斐閣.

北仲千里, 2010, 「あらゆる性別を包括するドメスティック・バイオレンス政策への課題」『Gender and Sexuality: Journal of Center for Gender Studies』5：95-110.

木村光江, 2003, 「強姦罪の理解の変化——性的自由に対する罪とすることの問題性」『法曹時報』55(9)：1-18.

窪田充見, 2017, 『家族法——民法を学ぶ 第3版』有斐閣.

倉智敬一, 1978, 「性分化の臨床／インターセックスと半陰陽の考え方」坂元正一ほか編『性分化の基礎と臨床』メジカルビュー社.

ケルゼン, ハンス, 2014, 長尾龍一訳『純粋法学 第2版』岩波書店.

Gay Japan News, 2014, 「レズビアン, バイセクシュアル女性, トランスジェンダーの人々からみた暴力——性的指向・性別自認・性別表現を理由とした暴力の経験に関する50人のLBTへのインタビューから」.

齊藤笑美子, 2009, 「同性カップルは結婚できない？」石埼学・笹沼弘志・押久保倫夫編『リアル憲法学』法律文化社.

齊藤笑美子, 2010, 「家族と憲法——同性カップルの法的承認の意味」『憲法問題』21：108-118.

齊藤笑美子, 2012a, 「自己決定と親密圏」『ジェンダーと法』9：94-104.

齊藤笑美子，2012b，「親密圏と『権利』の可能性」ジェンダー法学会編『講座ジェンダーと法 ジェンダー法学が切り拓く展望』加除出版.

齊藤豊治，2006，「性暴力犯罪の保護法益」齊藤豊治・青井秀夫編『セクシュアリティと法』東北大学出版会.

志田哲之，2009，「同性婚批判」志田哲之編（監修）『挑発するセクシュアリティ』新泉社.

清水晶子，2013，「『ちゃんと正しい方向に向かってる』――クィア・ポリティクスの現在」三浦玲一・早坂静編『ジェンダーと「自由」――理論，リベラリズム，クィア』彩流社.

東海林保，2000，「いわゆる性同一性障害と名の決定事件，戸籍訂正事件について」『家庭裁判月報』（52）7：1-76.

鈴木伸智，2014，「性別変更者の妻が AID によって出産した子と嫡出推定」『法学教室』410：78-83.

スペード，ディーン／クレイグ・ウィルス，2015，マサキチトセ訳「結婚は私たちを決して自由にはしない」（http://ja.gimmeaqueereye.org/entry/23227）.

住吉雅美，2004，「アナルコ・セクシュアリズムをめざして」日本法哲学会編『法哲学年報 2003 ジェンダー，セクシュアリティと法』有斐閣.

関戸良平，2012，「卵巣の分化と抗精巣遺伝子」『日本生殖内分泌学会雑誌』17：5-10.

竹内絢，2015，「"多様性" として利用される性的少数者」『ふぇみん』3089：4.

田中加藤男，1965，「戸籍訂正に関する諸問題の研究」『司法研究報告書』16（3）：256-257.

谷口功一，2004，「ジェンダー／セクシュアリティの領域における『公共性』へ向けて」『思想』965：102-122.

谷口洋幸，2007，「ジョグジャカルタ原則の採択によせて――性的マイノリティと国際人権」『法とセクシュアリティ』2：117-119.

谷口洋幸・齊藤笑美子・大島梨沙編，2011，『性的マイノリティ判例解説』信山社.

田巻帝子，2007，「性同一性障害に関する法の日英比較――家族関係を視点として」『家族〈社会と法〉』23：148-163.

玉田太朗，1978，「真性半陰陽」坂元正一ほか編『性分化の基礎と臨床』メジカルビュー社.

筒井真樹子，2003，「消し去られたジェンダーの視点――『性同一性障害特例法』の問題点」『インパクション』137：174-181.

角田由紀子，1991，『性の法律学』有斐閣.

堤治・飯田卓・武谷雄二，1997，「XY 女性」『産科と婦人科』64（5）：655-660.

同性婚人権救済弁護団編，2016，『同性婚――だれもが自由に結婚する権利』明石書店.

虎井まさ衛編，2003，『語り継ぐトランスジェンダー史――性同一性障害の現在・過去・

未来』十月舎.

内閣府, 2010, 「第26回障がい者制度改革推進会議（平成22年11月22日）資料2：『障害』の表記に関する検討結果について」(http://www8.cao.go.jp/shougai/suishin/kaikaku/s_kaigi/k_26/pdf/s2.pdf).

長井光三, 1997, 「SRY 遺伝子」『ホルモンと臨床』45(1)：33-39.

中川善之助, 1965, 『新訂 親族法』青林書院新社.

中川敏宏, 2013, 「性別の取扱いを変更した夫の妻が AID により出産した子の嫡出性」『法学セミナー』58(12)：114.

中込弥男・中堀豊, 1994, 「性分化と Y 染色体」『生体の科学』45(3)：259-262.

中込弥男, 1997, 「Over View, 性分化の機構」『ホルモンと臨床』45(1)：3-9.

中里見博, 2007, 『ポルノグラフィと性暴力——新たな法規制を求めて』明石書店.

中塚幹也, 2013, 『学校の中の「性別違和感」を持つ子ども——性同一性障害の生徒に向き合う』科研費報告書.

永野豊太郎, 2013, 「法律解説 配偶者からの暴力の防止及び被害者の保護等に関する法律の一部を改正する法律」『法令解説資料総覧』381：20-21.

成瀬幸典, 2006, 「『性的自由に対する罪』に関する基礎的考察」齊藤豊治・青井秀夫編『セクシュアリティと法』東北大学出版会.

二宮周平, 2011, 「家族法改正の展望」辻村みよ子編『ジェンダー社会科学の可能性 1 かけがえのない個から』岩波書店.

二宮周平, 2012, 「性的少数者の権利保障と法の役割」『法社会学』77：88-106.

日本性教育協会編, 2013, 『「若者の性」白書 第 7 回 青少年の性行動全国調査報告』小学館.

日本精神神経学会・精神科病名検討連絡会, 2014, 「DSM-5 病名・用語翻訳ガイドライン 初版」『精神神経学雑誌』116(6)：429-457.

日本精神神経学会・性同一性障害に関する委員会, 2012, 「性同一性障害に関する診断と治療のガイドライン 第 4 版」『精神神経学雑誌』114(11)：1250-1266.

南野知恵子監修, 2004, 『【解説】性同一性障害者性別取扱特例法』日本加除出版.

南野知恵子代表編者, 2013, 『性同一性障害の医療と法——医療・看護・法律・教育・行政関係者が知っておきたい課題と対応』メディカ出版.

橋本祐子, 2004, 「リバタリアニズムと同性婚に向けての試論——私事化の戦略」仲正昌樹編『法の他者』御茶の水書房.

長谷川奉延, 1997, 「半陰陽」『小児科治療』45：1119-1124.

バトラー, ジュディス, 1999, 竹村和子訳『ジェンダー・トラブル——フェミニズムとアイデンティティの攪乱』青土社.

針間克己, 2016, 「『性同一性障害』から『性別違和』へ——DSM-5 における診断名変更の背景」『精神療法』42(1)：15-18.

引用・参考文献一覧

針間克己・大島俊之・野宮亜紀・虎井まさ衛・上川あや，2013，『プロブレム Q&A 性同一性障害と戸籍——性別変更と特例法を考える 増補改訂版』緑風出版.

ハルプリン，デイヴィッド，1997，村山敏勝訳『聖フーコー——ゲイの聖人伝に向けて』太田出版.

東優子，2016，「トランスジェンダー概念と脱病理化をめぐる動向」『こころの科学』189：66-72.

日高康晴，2015，「子どもの"人生を変える"先生の言葉があります。」(http://www.health-issue.jp/kyouintyousa201511.pdf).

日高康晴ほか，2002，2005，2008，「Reach Online 調査結果報告」(http://www.health-issue.jp/).

平川宗信，1995，『刑法各論』有斐閣.

フーコー，ミシェル，2007，高桑和巳訳『ミシェル・フーコー講義集成 7 安全・領土・人口——コレージュ・ド・フランス講義 1977-78年度』筑摩書房.

ファインマン，マーサ・A.，2003，上野千鶴子監訳『家族，積みすぎた方舟——ポスト平等主義のフェミニズム法理論』学陽書房.

福岡伸一，2008，『できそこないの男たち』光文社.

福島政幸・森鍵一，2014，「東京地裁及び大阪地裁における平成25年 DV 防止法に基づく保護命令手続の運用」『判例タイムズ』1395：6.

藤森かよ子，2004，「リバタリアン・クィア宣言」藤森かよ子編『クィア批評』世織書房.

プラトン，1975，田中美知太郎訳「ソクラテスの弁明」『プラトン全集 1』岩波書店.

星野一正，1999，「男か女か……性別『保留』制度の推進を！——バイオエシックスの視点から」『現代性教育研究月報』17(6)：8-13.

堀江有里，2015a，『レズビアン・アイデンティティーズ』洛北出版.

堀江有里，2015b，「〈反婚〉試論——家族規範解体をめぐる覚書」『現代思想』43(16)：192-200.

堀江有里，2010，「同性間の〈婚姻〉に関する批判的考察——日本の社会制度の文脈から」『社会システム研究』21：37-57.

松永千秋，2014，「Ⅲ．性別違和：子どもの性別違和，青年および成人の性別違和，他の特定される性別違和，特定不能の性別違和」神庭重信編『DSM-5 を読み解く——伝統的精神病理，DSM-IV，ICD-10をふまえた新時代の精神科診断 5』中山書店.

松永千秋，2011，「性同一性障害に対する精神療法の課題とその問題点」『精神医学』53(8)：763-768.

松本洋輔，2011，「日本精神神経学会『性同一性障害に関する診断と治療のガイドライン 第3版』の概要と今日的問題」『精神医学』53(8)：743-748.

水野紀子，1998，「中川理論——身分法学の体系と身分行為理論——に関する一考察」山畠正男先生・五十嵐清先生・藪茂夫先生古稀記念論文集刊行発起人編『民法学と比較法学の諸相 Ⅲ』信山社.

三輪和宏，2012，「諸外国における性同一性障害の医療上の課題と取組——医療保障制度の適用状況を中心に」『レファレンス』743：73-94.

武藤照子，1998，「哺乳類における性決定遺伝子と生殖巣の分化」『蛋白質 核酸 酵素』43(4)：478-483.

村重慶一，1992，「戸籍訂正——出生児の性別訂正」『戸籍時報』411：50-52.

村松秀樹，2013，「『配偶者からの暴力の防止及び被害者の保護に関する法律の一部を改正する法律』における保護命令制度の対象の拡大に関する改正の概要」『民事月報』68(10)：19.

森山至貴，2017，『LGBT を読みとく——クィア・スタディーズ入門』筑摩書房.

森川恭剛，1998，「強姦罪について考えるために」『琉大法学』60：1-100.

森川恭剛，2013，「性暴力の罪の行為と類型」『琉大法学』90：1-106.

森村進，2012，「親族法の私法化のために」『法律時報』84(2)：74-78.

安西文雄，2011，「法の下の平等」安西文雄・巻美矢紀・宍戸常寿『憲法学読本』有斐閣.

柳沢正和・村木真紀・後藤純一，2015，『職場の LGBT 読本』実務教育出版.

山内俊雄，1999，『性転換手術は許されるのか——性同一性障害と性のあり方』明石書店.

山下敏雅，2012，「性同一性障がい者の『生』と『性』——問われる家族のあり方」『法と民主主義』473：34-37.

山下敏雅・田巻帝子，2013，「性同一性障がい者の婚姻と嫡出推定」『ジェンダーと法』10：118-130.

山本和義，2014，「GID 診療の現状と課題——GID（性同一性障害）学会第16回研究大会を終えて」『JASE 現代性教育研究ジャーナル』40：1-7.

雪田樹理・斉藤豊治，2014，「改革の提言」大阪弁護士会人権擁護委員会性暴力被害検討プロジェクトチーム編『性暴力と刑事司法』信山社.

UNESCO 編，2017，浅井春夫・艮香織・田代美江子・渡辺大輔訳『国際セクシュアリティ教育ガイダンス——教育・福祉・医療・保健現場で活かすために』明石書店.

ルービン，ゲイル，1997，河口和也訳・解題「性を考える——セクシュアリティの政治に関するラディカルな理論のための覚書」『現代思想』25(6)：94-144.

レブ-ラン，アリー（Lev-Ran, Arye），1985，「人間にみられる臨床の症候群と関連した性分化異常」J・マネー／H・ムサフ編『性科学大辞典』西村書店.

若尾典子，1997，『闇の中の女性の身体——性的自己決定権を考える』学陽書房.

我妻榮，1961，『親族法』有斐閣.

渡辺大輔，2006，「学校教育における同性愛者の『消され方』『現れ方』」『歴博』137：11-14.

渡辺大輔，2016，「『性の多様性』教育に関する調査報告」『季刊セクシュアリティ』74：85-94.

渡辺大輔・樋上典子・片岡洋子，2016，「特集Ⅲ　性的マイノリティの子ども・若者と学校教育の課題」『生活指導研究』33：45-71.

渡邉泰彦，2013，「性別の取扱いを変更した夫の妻が非配偶者間人工授精（AID）により出産した子の嫡出出生届」『法学セミナー増刊　速報判例解説』12：121-124.

■ 外国語文献（アルファベット順）

Abrams, Kathryn, 2009, Postscript : Curious Encounters, Unpredictable Conversations, in Fineman et al. eds., *Feminist and Queer Legal Theory : Intimate Encounters, Unconfortable Conversations,* Ashgate.

Brake, Elizabeth, 2012, *Minimizing Marriage : Marriage, Morality, and the Law,* Oxford University Press.

Cossman, Brenda and Ryder Bruce, 2001, What is Marriage-like Like? The Irrelevance of Conjugality, *Canadian Journal of Family Law,* 18(2)：269-325.

Duggan, Lisa, 2003, *The Twilight of Equality? : Neoliberalism, Cultural Politics, and the Attack on Democracy,* Beacon Press.

Emens, Elizabeth, 2014, Compulsory Sexuality, *Stanford Law Review,* 66：303-386.

Fineman, Martha et al. eds., 2009, *Feminist and Queer Legal Theory : Intimate Encounters, Uncomfortable Conversations,* Ashgate.

Ford, C. et al., 1959, A Sex-chromosome Anomaly in a Case of Gonadal Dysgenesis (Turner's Syndrome), *Lancet,* 273(7075)：711-713.

Gates, G. J., M.V. L. Badgett, J.E. Macomber, K. Chambers, 2007, Adoption and Foster Care by Gay and Lesbian Parents in the United States University of Colifornia, The Williams Institute, 1-37.

Gross, Aeyal, 2013, The Burden of Conjugality, in Eva Brems, *Diversity and european human rights : Rewriting Judgments of the ECHR,* Cambridge University Press.

Gubbay, John, Peter Goodfellow et al., 1990, A Gene Mapping to the Sex-determining Region of the Mouse Y Chromosome is a Member of a Novel Family of Embryonically Expressed Genes, *Nature,* 346(19)：245-250.

Jacobs, P. and J. Strong, 1959, A Case of Human Intersexuality Having a Possible XXY Sex-determining Mechanism, *Nature,* 183(4657)：302-303.

Koopman, Peter, John Gubbay, Nigel Vivian and Peter Goodfellow, 1991, Male Development of Chromosomally Female Mice Transgenic for Sry, *Nature,* 351(9)：117-121.

MacKinnon, C. A., 1989, *Toward a Feminist Theory of the State,* Harvard University Press.

Munro, V. E., 2007, *Law and Politics at the Perimeter : Re-Evaluating Key Debates in Feminist Theory,* Hart Publishing.

Page, David, 1989, "Sex Reversal : Delection Mapping the Male-determining Function of the Human Y Chromosome," *Cold Spring Harbor Symposia on Quantitative Biology,* L1 : 229‒235.

Rubin, Gayle S., 2011, *Deviations : a Gayle Rubin reader,* Duke University Press.

Sinclair, A., P. Goodfellow et al., 1990, A Gene form the Human Sex : Determining Region Encodes a Protein with Homology to a Conserved DNA-Binding Motif, *Nature,* 346 : 240‒244.

Tamaki, Teiko, 2004, Can One Choose One's Own Sex? : Gender Identity Disorder and Related Issues of the Individual, Family and Society, in P. Lødrup and E. Modvar eds., *Family Life and Human Rights,* Glydendal Norsk Forlag AS.

Tamaki, Teiko, 2005, *"Intention" of Reclaiming Gender Identity in Legal Discourse : A Transsexual Person's Claim for the Legal Status in the UK,* Doctoral Thesis submitted to Graduate School of Modern Society and Culture, Niigata University.

U.S. Department of Health and Human Services, Children's Bureau Administration for Children, Youth and Families, 2016, Adoption and Foster Care Analysis and Reporting System (AFCARS) FY 2015 date 2, 23, P 6.

Yoshino, Kenji, 2000, The Epistemic Contract of Bisexual Erasure, *Stanford Law Review,* 52 : 353‒461.

判例索引

■ 最高裁判所

最高裁・1953（昭和28）年6月24日・判決〔最高裁判所刑事判例集7巻6号1366頁〕……45

最高裁・1969（昭和44）年5月29日・判決〔最高裁判所民事判例集23巻6号1064頁〕……57

最高裁・1976（昭和51）年5月21日・判決〔最高裁判所刑事判例集30巻5号615頁〕……107

最高裁・1990（平成2）年1月18日・判決〔最高裁判所民事判例集44巻1号1頁〕……107

最高裁・2006（平成18）年7月7日・判決〔最高裁判所民事判例集60巻6号2307頁〕……58

最高裁・2007（平成19）年10月19日・決定〔家庭裁判月報60巻3号36頁〕………………33

最高裁・2007（平成19）年10月22日・決定〔家庭裁判月報60巻3号36頁〕………………33

最高裁・2013（平成25）年12月10日・決定〔最高裁判所民事判例集67巻9号1847頁〕

………………………………………………………………………………………61，153

■ 高等裁判所

名古屋高裁・1979（昭和54）年11月8日・決定〔家庭裁判月報33巻9号61頁〕……16，29

広島高裁松江支部・1987（昭和62）年6月18日・判決〔高等裁判所刑事判例集40

巻1号71頁〕…………………………………………………………………………40

札幌高裁・1991（平成3）年3月13日・決定〔家庭裁判月報43巻8号48頁〕…………16

東京高裁・1998（平成10）年9月16日・決定〔家庭裁判月報51巻3号165頁〕…………59

東京高裁・2000（平成12）年11月30日・判決〔判例タイムズ1107号232頁〕…………147

東京高裁・2011（平成23）年9月16日・判決〔D1-Law.com判例体系 判例ID28243290〕‥107

東京高裁・2012（平成24）年12月26日・決定〔最高裁判所民事判例集67巻9号1900頁〕‥153

■ 地方裁判所

東京地裁・1994（平成6）年12月16日・判決〔判例時報1562号141頁〕………………43

■ 家庭裁判所

東京家裁・1963（昭和38）年5月27日・審判〔判例集未登載〕………………………16

名古屋家裁・1979（昭和54）年9月27日・審判〔家庭裁判月報33巻9号63頁〕…………16

東京家裁八王子支部・1990（平成2）年2月28日・審判〔家庭裁判月報42巻8号77頁〕…59

佐賀家裁・1999（平成11）年1月7日・審判〔家庭裁判月報51巻6号73頁〕…………139

東京家裁・2012（平成24）年10月31日・審判〔最高裁判所民事判例集67巻9号1897頁〕‥152

■ 外国・国際機関の裁判等

英国高等法院・1970年2月20日・判決〔Corbett v. Corbett (Otherwise Ashley) (Probate, Divorce & Admiralty Division)［1971］P 83〕……………………28

欧州人権裁判所・1997年4月22日・判決〔X, Y and Z v. UK (ECHR)［1997］2 FLR 892〕………………………………………………………33

欧州人権裁判所・2002年7月11日・判決〔Goodwin v. UK［2002］2 FCR 577 および I v. UK［2002］2 FCR 613〕…………………………………29

編者・執筆者紹介

(① 現職, ② 経歴・学位, ③ 主要業績)

■ 編　者

谷口　洋幸（たにぐち　ひろゆき）　　Chapter 0, Chapter 12

① 高岡法科大学法学部教授
② 中央大学大学院法学研究科博士後期課程修了，博士（法学）
③「同性婚は国家の義務か」（『現代思想』43巻16号所収）2015年
　『性的マイノリティ判例解説』（共編）信山社，2011年
　「性同一性障害特例法の再評価——人権からの批判的考察」（『性同一性障害
　　　　——ジェンダー・医療・特例法』所収）御茶の水書房，2008年

綾部　六郎（あやべ　ろくろう）　　Chapter 10

① 名古屋短期大学現代教養学科助教
② 北海道大学大学院法学研究科博士後期課程単位修得退学
③「バトラー——フェミニズムとジェンダー概念の革新を目指して」（『現代社
　　　　会思想の海図——レーニンからバトラーまで』所収）法律文化社，
　　　　2014年
　「ジェンダー法学・トラブル!?」（『挑発するセクシュアリティ——法・社会・
　　　　政治へのアプローチ』所収）新泉社，2009年
　「親密圏のノルム化」（『叢書アレテイア　8　批判的社会理論の現在』所収）
　　　　御茶の水書房，2007年

池田　弘乃（いけだ　ひろの）　　Chapter 11

① 山形大学人文社会科学部准教授
② 東京大学大学院法学政治学研究科博士課程単位取得満期退学
③「ケアへの敬意——倫理から制度へ」（『法哲学年報 2016』所収）有斐閣，
　　　　2017年
　「フェミニズム法理論における立法の復権」（『立法学のフロンティア　1』
　　　　所収）ナカニシヤ出版，2014年

■ 執筆者

石田　仁（いしだ　ひとし）　　　　　　　　　　　**Chapter 1**

① 日工組社会安全研究財団主任研究員
② 中央大学大学院文学研究科博士後期課程修了，博士（社会学）
③ 「富士高校放火事件の再構成——複合差別，セクシュアリティ，（トランス）
　　ジェンダー」（『現代思想』43巻16号所収）2015年
　「戦後日本における『ホモ人口』の成立と『ホモ』の脅威化」（『セクシュア
　　リティの戦後史』所収）京都大学学術出版会，2014年
　『性同一性障害——ジェンダー・医療・特例法』（編著）御茶の水書房，
　　2008年

田巻　帝子（たまき　ていこ）　　　　　　　　　　**Chapter 2**

① 新潟大学法学部教授
② 新潟大学大学院現代社会文化研究科博士後期課程修了，博士（法学）
③ 「英国における同性カップルの子育てと養子」（『民商法雑誌』138巻4・5
　　号所収）2008年
　「性同一性障害に関する法の日英比較——家族関係を視点として」（『家族
　　〈社会と法〉』23号所収）2007年
　"Can One Choose One's Own Sex?: Gender Identity Disorder and Related Issues of
　　the Individual, Family and Society"（in *Family Life and Human Rights*）Gyldendal,
　　2004

関　　良徳（せき　よしのり）　　　　　　　　　　**Chapter 3**

① 信州大学学術研究院教授
② 一橋大学大学院法学研究科博士課程修了，博士（法学）
③ 「裁判員制度は廃止すべきか?」（『問いかける法哲学』所収）法律文化社，
　　2016年
　「ポストモダン法学の思想」（『法思想の水脈』所収）法律文化社，2016年
　「犯罪と刑罰——受刑者の処遇と犯罪被害者の権利」（『現代法哲学講義』所
　　収）信山社，2009年

編者・執筆者紹介

小久見祥恵（おぐみ　よしえ）　　　　　　　　　　　*Column* ①

① 同志社大学法学部嘱託講師
② 同志社大学大学院法学研究科博士課程後期課程修了，博士（法学）
③「コーネル──『性に関わる存在』の自己再想像」（『現代社会思想の海図
　　──レーニンからバトラーまで』所収）法律文化社，2014年
　「親密圏への権利アプローチ──キテイの事例を手がかりに」（『法哲学年報
　　2011』所収）有斐閣，2012年
　「フェミニズム法理論におけるM・A・ファインマンの議論の位置づけ」
　　（『同志社法学』64巻3号所収）2012年

山下　敏雅（やました　としまさ）　　　　　　　　　　**Chapter** ④

① 弁護士
② 東京大学法学部卒業
③『どうなってるんだろう？子どもの法律──一人で悩まないで！』（共編）
　　高文研，2017年

齊藤笑美子（さいとう　えみこ）　　　　　　　　　　　**Chapter** ⑤

① 元・茨城大学人文学部准教授，フランス在住
② 一橋大学大学院法学研究科博士課程修了，博士（法学）
③「婚姻・家族とフランス憲法」（『講座 政治・社会の変動と憲法第Ⅱ巻 社会
　　変動と人権の現代的保障』所収）信山社，2017年
　「婚外子相続分区別と憲民関係」（『法律時報』85巻5号所収）2013年
　『性的マイノリティ判例解説』（共編）信山社，2011年

森　あい（もり　あい）　　　　　　　　　　　　　　**Chapter** ⑥

① 弁護士
② 京都大学総合人間学部卒業，大阪市立大学法科大学院法曹養成専攻退学
③『セクシュアル・マイノリティQ＆A』（共編）弘文堂，2016年
　「『同性』カップルの日本での婚姻について」（共著，『自由と正義』67巻11
　　号所収）2016年

175

菅原　絵美（すがわら　えみ）　　　　　　　　　　　　　　**Chapter** ⑦

① 大阪経済法科大学国際学部准教授
② 大阪大学大学院国際公共政策研究科博士後期課程修了，博士（国際公共政策）
③「企業の社会的責任と国際制度──『ビジネスと人権』を事例に」（『論究ジュリスト』19号所収）2016年
　「企業」（『改訂第 1 版 新グローバル公共政策』所収）晃洋書房，2016年
　「人間の基本的ニーズの保障と企業活動──人権条約上の国家の義務と企業の責任」（『国際人権』26号所収）2015年

渡辺　大輔（わたなべ　だいすけ）　　　　　　　　　　　　**Chapter** ⑧

① 埼玉大学基盤教育研究センター准教授
② 東京都立大学大学院人文科学研究科博士課程単位取得満期退学，博士（教育学）
③『セクシュアルマイノリティをめぐる学校教育と支援──エンパワメントにつながるネットワークの構築にむけて 増補版』（共編）開成出版，2012年

上野　善子（うえの　よしこ）　　　　　　　　　　　　　　*Column* ②

① 鶴見大学短期大学部保育科准教授
② 奈良女子大学大学院人間文化研究科博士後期課程修了，博士（社会科学）
③「家族再統合後のある里親の語りと喪失体験──社会的養護のパラダイム・シフトと社会的ディレンマ」（『奈良女子大学社会学論集』23号所収）2016年
　「米国児童虐待予防対策法の制定と改正について──法の制定に向けた19世紀から20世紀の社会と背景」（『奈良女子大学人間文化研究科年報』28号所収）2013年

編者・執筆者紹介

堀江　有里（ほりえ　ゆり）　　　　　　　　　　　　　　　**Chapter ⑨**

① 法政大学大原社会問題研究所客員研究員，日本基督教団なか伝道所（横浜
　　寿町）牧師
② 大阪大学大学院人間科学研究科博士後期課程修了，博士（人間科学）
③ 『生存学研究センター報告24〈抵抗〉としてのフェミニズム』（共編）立命
　　館大学生存学研究センター，2016年（http://www.ritsumei-arsvi.org/publi
　　cations/index/type/center_reports/number/24）
　　『レズビアン・アイデンティティーズ』洛北出版，2015年
　　『「レズビアン」という生き方——キリスト教の異性愛主義を問う』新教出
　　版社，2006年

吉良　貴之（きら　たかゆき）　　　　　　　　　　　　　　　*Column* **③**

① 宇都宮共和大学シティライフ学部専任講師
② 東京大学大学院法学政治学研究科博士課程単位取得満期退学
③ 『世代間正義論』勁草書房，2017年予定
　　「年金は世代間の助け合いであるべきか？」（『問いかける法哲学』所収）法
　　律文化社，2016年
　　「法時間論——法による時間的秩序，法に内在する時間構造」（『法哲学年報
　　2008』所収）有斐閣，2009年

セクシュアリティと法
──身体・社会・言説との交錯

2017年10月1日　初版第1刷発行

編　者	谷口洋幸・綾部六郎
	池田弘乃
発行者	田靡純子
発行所	株式会社 法律文化社

〒603-8053
京都市北区上賀茂岩ヶ垣内町71
電話 075(791)7131　FAX 075(721)8400
http://www.hou-bun.com/

＊乱丁など不良本がありましたら、ご連絡ください。
　お取り替えいたします。

印刷：㈱冨山房インターナショナル／製本：㈱藤沢製本
装幀：谷本天志

ISBN 978-4-589-03872-2

© 2017 H. Taniguchi, R. Ayabe, H. Ikeda Printed in Japan

JCOPY　〈(社)出版者著作権管理機構 委託出版物〉

本書の無断複写は著作権法上での例外を除き禁じられています。複写される場合は、そのつど事前に、(社)出版者著作権管理機構（電話 03-3513-6969、FAX 03-3513-6979、e-mail: info@jcopy.or.jp）の許諾を得てください。

山田創平・樋口貞幸編

たたかうLGBT&アート
—同性パートナーシップからヘイトスピーチまで，
人権と表現を考えるために—

A 5 判・76頁・800円

セクシュアルマイノリティの人が尊厳をもって
生きるために，アートがもつ，社会の支配的な
文脈や価値観をずらす「技」と「術」とを学び
とる。侮辱的な言葉の意味合いをクリエイティ
ブに変化させるためのたたかいの書。

三成美保・笹沼朋子・立石直子・谷田川知恵著
〔HBB⁺〕

ジェンダー法学入門〔第2版〕

四六判・314頁・2500円

ジェンダーにまつわる社会的規範は，個人の意
思や能力を超えて，わたしたちの行動や決定を
「マナー，常識」として縛っている。ジェンダー・
バイアスに基づく差別のあり方や法制度への影
響を明らかにし，社会の常識を問い直す一冊。

犬伏由子・井上匡子・君塚正臣編［aブックス］

レクチャージェンダー法

A 5 判・278頁・2500円

ジェンダー法を学ぶための標準テキスト。基本
法分野を概説したあと，身近な問題から議論を
展開する。問題状況と法の接点を抽出し，法的
思考を修得できるよう包括的に概説。他のマイ
ノリティ差別問題へも敷衍し言及。

風間 孝・加治宏基・金 敬黙編著

教養としてのジェンダーと平和

A 5 判・260頁・1900円

世の中の常識を相対化し，異なる見解をもつ
人々との対話を通じて新しい学問・実践へと誘
う。ジェンダーと平和の異なる視点から，教育，
労働，差別，歴史等のテーマを取り上げ，読者
とともに社会のありかたを考える。

仲正昌樹編

現代社会思想の海図
—レーニンからバトラーまで—

A 5 判・268頁・2800円

現代日本で領域横断的に読まれている17人の批
判的社会理論家——レーニン，グラムシ，アド
ルノ，フーコー，ネグリ，ムフ，シンガー，
コーネル，バトラーらを「脱ヒューマニズム」
の共通項で結んで編んだ入門書。

————法律文化社————

表示価格は本体(税別)価格です